九型人格覺醒指南

走過三階段蛻變旅程，遇見更好的自己

碧翠絲·切斯納 烏瑞尼奧·佩斯 ………… 著
Beatrice Chestnut Uranio Paes

謝慈 ………………………… 譯

The Enneagram Guide to Waking Up

Find Your Path, Face Your Shadow, Discover Your True Self

目次

推薦序

在這本親切而實用的九型人格介紹中，碧翠絲．切斯納（Beatrice Chestnut）博士和烏瑞尼奧．佩斯（Uranio Paes）探索了九種核心的人格型態，以及這如何形塑、影響我們的人生。這些人格型態是許多重要心理、情緒和行為習慣的源頭，會影響我們對自己的看法，以及對人生的態度。藉由掌握這些型態的精髓，我們就能達到更高層次的自我覺察，也能看見並掙脫無意識的防衛機制，獲得情緒上的自由。

在每個章節中，你將會看見這些防衛機制的運作方式。作者們也將引導你逐步「覺醒」。此處的「覺醒」指的是減少自我設限的「習慣」，而這些習慣又引發我們的感受、想法和行為。我們都有這樣的習慣，有時或許已經融入生活，太過熟悉舒適，以至於難以「看見」。為什麼？因為它們早已根深蒂固，深植於我們學習理解世界和群己關係的心智過程中。本書將協助我們覺察到這些習慣。在過程中，你會對你的人生故事產生全新的理解，包含了童年的喜悅和創傷，以及這些過去對成年的你所帶來的影響。

如同切斯納和佩斯，我們也認為個體之間的人格差異受到先天和後天的影響：天生的遺傳，以及獨特的人生經驗，都會影響一個人的人格。而我們對於九型人格的研究，同樣也始於大衛・丹尼爾思（David Daniels）、海倫・帕瑪（Helen Palmer）的Narrative Enneagram school。在我們的工作中，是用人際神經生物學（interpersonal neurobiology）的角度來探討這些人格類型，探討人們如何追求安全和肯定、人際連結、自主和賦權，而人格類型就源生於我們心智的運作。我們認為，對人格類型若能有更深入的理解，就能讓我們成為更好的自己。畢竟，這就是九型人格理論的初衷。

許多人認識到自己的核心九型人格類型後，就會追求「該做什麼」來進一步成長的指引。這本書以切斯納和佩斯對九型人格的多年教導和實踐為基石，希望能提供一些解答，同時也借用丹尼爾思和帕瑪的論述，來說明每種類型的人都可以利用這本書作為工具，自我成長，超越自尊或人格的層次；而我們以「自動導航」度過人生時，往往都會卡在這個層次。

為了發揮本書資訊的最佳價值，希望你能帶著好奇心，並且誠心投入。我們的心智很神奇，如果想要改變，就需要付出努力；然而，也別忘了好好享受自我發現時所帶來的成長和快樂。書中深思熟慮的策略和充滿智慧的建議，將幫助你在生命中創造更大的自由和更豐富的人際關係，也能為我們的世界帶來更多的和平！

丹尼爾・席格（Daniel J. Siegel）

加州大學洛杉磯分校精神病學臨床教授、紐約時報暢銷作家

前言

你注定成為自己決心成為的人。
——拉爾夫．沃爾多．愛默生（Ralph Waldo Emerson，美國思想家）

你的人格不等於你。那你是誰？

假如你和大多數人一樣，那麼會拿起這本書的原因，大概是想要更了解自己為何變成現在的模樣吧。為什麼你會做出這些事，或會對特定的事物有特定的反應？為什麼即便你覺得自己嘗過無數次教訓，卻還是重複犯同樣的錯？你該如何改善你的人際關係，而以前失敗的關係又是出了什麼問題？為什麼人生似乎總有個就是過不去的坎呢？

是的，這些都是有原因的。而你之所以難以理解自己行動背後的原因，也是有理由的。

基本上，你已經變成行屍走肉。

不，我們的意思不是說你真的是殭屍，而是你活得像個殭屍：處在自動導航模式，對於你真正的模樣和你內在的變化都像是「睡著」了那樣一無所知。大部分的人都是如此。

這本書將向你介紹「九型人格」的概念，幫助你從上述的狀態中覺醒。九型人格是一套強而有力的自我成長工具，包含了源遠流長的不朽智慧，可以幫助你認識真正的自己。九型人格能將你從防禦性的自我設限中解放，幫助你成長和自我開拓，向你展現出你認為自己是誰，讓你知道自己真實的樣子。唯有如此，你才能了解真實的自己，以及虛假不真實的部分。

什麼是「九型人格」？

九型人格是複雜而意義深遠的符號，與許多知識體系相互連結，包含心理學、宇宙學和數學。以九型人格為基礎，也發展出高度精確的類型學，描述了九種獨特的人格類型，讓我們更進一步了解人類的自我，並梳理成長的過程。這套心理學及靈性的模型描繪了個人發展的具體路徑，揭示出限制我們成長和轉變的習慣模式及盲點，幫助我們自我「覺醒」。

九型人格中的九種人格類型是以三個「智能中心」為基礎，這些「智能中心」決定了我們從外在世界吸收及處理資訊的方式。

- 我們透過**思考中心**來思考及分析。第五、第六和第七型就是由思考中心主控，而思想會形塑他們的人生經驗。他們擅長分析、想像力豐富，知道如何規劃和理解事物，但可能過度注重理性邏輯，對於感受和情緒則顯得疏離。
- 我們透過**情感中心**來感受情緒，並與其他人連結。第二、第三和第四型就是由情感中心主導，而情感會形塑他們的人生經驗。他們的情商通常較高，富有同理心，重視人際連結和友情，但有時可能過度注重形象、害怕被拒絕。
- 我們透過**行動中心**用感官來體驗人生。第一、第八和第九型就是由行動中心主導，而感官會形塑他們的人生經驗。他們通常認真負責，重視真實和榮譽，但有時會過度批判、缺乏彈性。

當我們偏重某個中心，忽略另外兩者時，就會「失去平衡」。九型人格能幫助我們注意並重新面對這樣失衡的狀態。

九種人格類型都有其對應的、由習慣模式和動機所構成的生存策略。我們也會在無意識中發展出一些策略，幫助我們避免生活中的痛苦和不適。如果我們認為自己只是這些無意識模式的總和，就看不清自己真實的樣貌和可能性。然而，正因為這些模式是無意識的，我們很難（幾乎不可能）加以覺察和超越。而九型人格可以幫助我們看到，我們遠比自己想的還要更好。

九種人格類型都有三個獨特的「子類型」，所以一共有二十七種類型。這些子類型比原本的九種類型更加精確細緻，由三種本能動力區分：自我保護、社會歸屬與（一對一）性結合。每個子類型顯示的是本能動力如何形塑我們的行為、傳達我們的核心情緒動機。每種類型下的三種子類型都略有不同，包含了所謂的「反類型」，在某些方面會與該類型的普遍樣貌相反，那是因為其中的情緒驅動力和直覺的目標恰好相反。

為了要解開九型人格的奧祕，必須先找到最符合你個性的人格類型，再找出能最精確描述你的子類型。然而，這個過程並不容易，因為有些類型乍看之下很相似，而你會覺得符合的不只一種。而對於各個類型的描述有時也涉及無意識的習慣或盲點，更增加了挑戰性。

某種程度上，這些人格類型的依據很簡單：我們在世界上生活時所關注的面向。然而，我們關注的面向也會反映出我們看不到的部分，以及我們都有所疏漏的事實。這是我們的盲點。當我們對於經驗中某些關鍵面向毫無意識時，就看不見其對我們思考、感受和行動的影響。而這解釋了為什麼我們都可以說是在「沉睡」，行屍走肉般度過每一天。

如果想要從這樣的狀態「醒來」，我們就必須面對自己的自我，以及自我所投下的「陰影」。我們必須要覺察到自動化的習慣，因為這些習慣會構成我們防禦性的自我人格；同時，也要關注內在所有無意識的自我保護機制，這些機制會幫助我們避開痛苦（或喜悅），讓我們處在清醒的睡眠狀態，不知道自己是誰，也看不見自己的可能性。我們會壓抑「陰影」，因為陰影會帶來痛苦，或挑戰我們的自我形象。然而，隨著我們越來越意識到「陰影」，就越來越能自我覺察，生命也會更加完整。如果不斷逃避，就永遠不會知道自己真正的樣貌。假如不覺察面對無意識的部分，我們就只會專注（且受限於）我們自以為的人格，或是自己害怕的樣貌，抑或是自己渴望的模樣。唯有超越自我，主動投入九型人格的成長過程，我們才能喚醒自己全部的潛力。

殭屍的誕生及覺醒

在成長的過程中，我們漸漸把自己和自我畫上等號，創造了某種虛假的自我形象。當我們誕生在世界上時，都有著獨特而真實的自己。然而，身為必須依賴他人的孩童，我們學會採取一些生存的手段來適應環境。在廣大的世界上，渺小的我們得使用各種策略來保護自己，而這些無意識的策略決定了我們屬於九型人格中的哪一型。

然而，「你」並不等同於「你的人格」。我們的人格幫助我們度過童年，卻會在成年時限制我們，使我們意識不到自己的可能性。慢慢地，生存需求會使我們發展出虛假的自我，阻礙我們發現真實的自己。而離童年越遙遠，真實的自我就越遭到各種防禦機制的掩蓋。隨著看不見的習慣模式逐漸深植，我們身陷其間，越來越難超脫。這些習慣幫助我們適應和生存（有時在艱困的環境中），也因此在不知不覺中變得固著而死板。而隨著我們對這些策略越來越適應，也就在無意識間越來越深陷這種殭屍般的狀態。

九型人格幫助我們了解，幼年時期所發展出的生存策略，是如何在往後的人生使我們成為行屍走肉。九型人格將帶給我們有意識的覺醒技巧，讓我們認識真正的自己。當我們對真實的自己和無限的潛能「沉睡」時，就看不見超越自我的無限可能性。我們會被困在意識較低的層級，忘了自己可以選擇更高層次的意識狀態。

真實自我的覺醒以及意識層次的成長，都需要大量有意識的努力。我們首先得注意到自己殭屍般的狀態，接著積極主動地對抗，才能有所超脫。我們必須有意識地投入內在的努力，才能擺脫自己認為人格等於自我的狀態而覺醒過來。我們必須持續提醒自己，要更加活在當下，認真體會每一刻的經驗，才能克服自我根深蒂固的習慣。如果少了這些有意識的努力，我們終其一生都會活得像行屍走肉，而大多數人都是如此。九型人格可以幫助我們了解阻礙我們覺醒的習慣和傾向。

如何使用這本書

這本書的每個章節都描繪了九型人格之一的獨特蛻變過程。每個章節都是個人的旅程，從意識到有問題的自我模式，到自我發掘的具體步驟，再到掙脫自我設限和束縛，得到自由。你不需要從頭到尾讀完這本書，可以直接跳到最符合你的人格類型的章節。

找尋自己人格類型的過程，本身就是珍貴的學習經驗。首先，試著完成每個章節一開始的檢核表，反思哪個類型最符合你對自己的認知。透過更深入探索自己的真心，確認你的結果無誤。向你生命中信任的人尋求建議，幫助你看見自己的盲點。然而，不要過度執著在結論的判斷和敘述上，使自己在探尋成長的旅程中分心。我們無法從隻字片語中得到最終解答，終究必須把整幅拼圖拼完才行。

一旦找到自己的類型，這本書會告訴你關於你的人格中，你並不想認識的面向。請勇敢面對這些特質。有些人會覺得九型人格是負面的，而這也不難理解，因為他們覺得受到無形的批判。然而，九型人格的目的不是批判，你也不該批評自己，而應對自己懷抱同情心。九型人格的重點在於了解真相，而真相有時候會傷人。要覺醒並不容易，因為我們的天性會逃避痛苦。但唯有感受痛苦，我們才能覺醒。

每個章節的一開始都有一篇寓言故事，介紹該人格類型的重點。接著，我們會描述蛻變的三個階段，以及過程中可能遇到的盲點和痛處。為了讓你順利成長，我們將提供具體的建議，幫助你運用過程中的新體悟。九型人格的蛻變力量有一部分來自所謂的「側翼」，也就是與你的類型相臨的兩個類型，以及「箭頭」，也就是在圖表中將你的類型與其他兩個類型相連的線條。

側翼的點代表比較溫和的成長步驟，而箭頭則是可以透過有意識的努力來達成的激進改變。當你學習更加意識到自己主要人格類型的無意識傾向後，就能夠成長超脫該類型的局限，結合相鄰和相對類型的健康特質，更接近真正的自己，並向前邁進。

每個章節同時也會描述一種「困境」，這是源自於各人格類型的核心情緒驅動力所帶來的激情（passion），以及較高層次的覺察所帶來的美德之間的兩極性。每種人格類型的激情會反映出行屍走肉般的癮頭，驅使我們通過核心情緒驅動力的濾鏡來看世界；每種美德代表的則是蛻變歷程的最終目標。若要更進一步，就必須整合你的「陰影」，也就是人格類型中較黑暗的面向，以及相對應的習慣模式和盲點。「激情」這個字的本意是「受苦」，因此，你的覺醒過程必須忍受面對「陰影」時所帶來的「有意識的受苦」。

九型人格處理的是我們試圖覺察到「更高層次」的自我時，所面對的挑戰，並描繪出我們的行為模式，賦予我們工具，讓我們從夢遊般的生活中覺醒。我們都曾忘記自己真實的模樣，變得如同行屍走肉，但將我們困住的無意識習慣卻會因人而異。接下來的章節將告訴我們，該如何踏上自己獨特的覺醒之路，學習如何找回真實的自己。

準備出發，好好享受蛻變之旅吧！

第一型

從憤怒到寧靜

上一個錯誤就是你最好的老師。

——拉爾夫．納德（Ralph Nader，美國律師、作家、政治家）

很久很久以前，有個名叫「一」的人。他以純真孩童的樣貌來到世界上，準備體驗人生與生俱來的完美。他處於完全寧靜而敞開的狀態，自由地體驗每件事的樂趣與喜悅。他不執著於任何事，對於人生、自我和身邊的人都充滿彈性。

然而，人生的初期，「一」就體驗了遭到批評的痛苦經歷。事情發生時，他對於必須符合其他人對好表現的標準感到有壓力。「一」無意識地努力面對批判和懲罰的痛苦，在其他人有機會評斷他之前，就先自我批評和管理。他內化了其他人對他的標準，試著好好表現，時時刻刻都只做對的事。他開始覺得，自己必須要很完美，其他人才會認同他的價值；而為了要表現好，他就得努力控制自己。

在追求好表現的過程中，「一」發展出察覺並更正自身錯誤的能力，看見自己怎麼做才能更完美，也看見自己周遭世界所有需要改善的地方。他努力維持良好行為的最高標準，並且嚴厲批判不遵守規矩的人。他變得很擅長追求完美，對自己也不例外。他評判事物的標準就是挑出錯誤或不夠完美的部分，且對待自己尤其嚴苛。

隨著時間過去，「一」能夠表現得非常符合道德，避免犯錯。他找到最佳的處事方式，並隨時遵守良好行為的準則。當事情不夠完美時（也就是大多數的時候），他就會自我批判，並且試著在下次做得更好。然而，在追求更好的過程中，「一」迷失了真實自我的許多層面。只要某件事有絲毫被認為「不對」的可能性，他就不再去感受或進行。他不再能覺察到自己的直覺衝動、感受、創造力和自發性。他失去了自己內心對事物的感知，感覺是對的事，但可能會被判斷為錯的。

對自身訂定了嚴苛的限制後，「一」學會避免所有可能出錯的事物，包含了自己內心的節奏、希望和夢想。當其他人不遵守規則時，他通常會極度憤怒；然而，他卻不會表現出自己的憤怒，反倒是加以隱藏，佯裝和善。他認為道德、可靠、負責任是最重要的守則，覺得自己必須盡可能控制一切，讓一切處於正軌。當事情超出控制時，他就會懲罰自己。他的生存策略逼迫他不得不如此，而他也因此感到惱怒，但他不能讓任何人發現他的不悅。

「一」不知道的是，身邊的人其實都知道他在生氣，因為當他強調自己認為對的事時，都會大力跺腳、搥打桌子，或是語帶諷刺。這已經變成他生存方式的一部分，他未必喜歡（事實上，他也覺得痛苦），但卻無法停止。他沒辦法面對自己的憤怒，因為生氣是不好的。有時候他會因此感到疲憊或難過，甚至讓自己沉浸在這種感受中。但他能怎麼辦？最終，「一」變得完全無法感受到真實的自己。他對自己與生俱來的良善「睡著了」，而這些良善體現在他的善意和真心想當個好人的意念中。他只能繼續遵守規則，努力讓一切都達到最高標準。然而，他再也無法感受到內心深處對於樂趣和休息的基本需求，以及偶爾使壞一下的基本人性。

「一」成了行屍走肉。無論再怎麼有禮貌、進退得宜、遵守規矩，但終究只是個殭屍而已。

第一型的特質

假如以下大部分或全部的人格特質都符合你的狀況，那麼你或許就是第一型：

□你的內在有個嚴格的批判者，密切監控你的行為舉止。你對於其他人的批判相當敏感。

□你自然地用「好與壞」或「對與錯」來分類事物。你努力當個好人，做對的事。

□當你檢視大部分的事物時，總是會自動看到可以改進的部分。你很容易注意到錯誤，並且想要加以修正。

□你幾乎隨時都遵守規則，並且認為如果其他人也如此的話，世界就會變得更美好。

□你的思考方式充滿「應該」或「必須」。大多數情況下，你認為必須要把責任放在享樂之前。

□你認為自己必須是個負責任而可靠的好人。你對自己和其他人都有很高的標準。你覺得人都該追求自我改進。

□你過度控制自己的情緒，因為你認為展現情緒或衝動行事很不恰當，也很沒建設性。

□你過度控制自己追求樂趣的衝動。

□你相信每件事都有正確的進行方式，而你所選擇的就是正確的方式。你有很強烈的個人意見，並隨時準備要發表。

□偶爾會有些事物讓你覺得完美，而你很珍惜這些時刻。這會激勵你繼續努力讓一切更完美。

假如在看完這份檢核表後，你發覺自己屬於第一型，那麼你的蛻變旅程將會分成三個階段：

首先，你將學習辨識所有與「需要是對的」、「需要做對的事」及「需要改善自己和周遭世界」相關的人格模式，並且更將了解自己。

接著，你必須面對自己的陰影，更覺察自己無意識的模式和傾向。這些模式和傾向源自你對於自我價值的需求，以舒緩你的焦慮或證明你與生俱來的良善本質。這將幫助你看出，旁人和自我的批判是如何將你限制束縛。

成長旅程的最終階段，包含了邁向你人格類型的較高層次，緩解你對於「好」的執著，讓你接受自身的人性衝動。當你這麼做時，就能開始看見自己和其他人的良善本質，並欣賞生命流動中的不完美。

「人們為了逃避面對自己的靈魂，無論再荒謬的事都做得出來。

——卡爾．榮格（Carl G. Jung，瑞士心理學家）」

踏上蛻變旅程

假如你是第一型，蛻變之旅的第一階段，包含了學習更有意識地觀察自己。這意味著發展出相對應的能力，得以注意到自己批判自我和他人的習慣，並且不因為這樣的批判再進一步批評自己。成長的過程同時也包含了注意到自己投注多少心力來修正周遭環境的錯誤、監控批評自己的作為，以及鄙棄其他人的錯誤行為。如果想更上一層樓，就必須努力不再把「讓事情正確進行」當成自己的責任，開始尊重自己的情緒和衝動，並且對自己懷抱更多的同情心。唯有學習覺察自己對自我改進（也就是努力當好人、避免錯誤）的過度執著，你才能在自我了解之路更進一步。

第一型的關鍵模式

踏上你的旅程時，請專注並覺察以下五種第一型的模式：

自我批評

注意你內心的「批評者」，這個內在的聲音或感受會驅使你不斷監控自己和他人。這個聲音會批判發生的每件事，並且以「好」或「壞」加以分類。你時常會忽視這類自我監控所帶來的結果，特別是因為內在的聲音多半很嚴厲。內在的聲音會強制你選擇其定義中的良好行為，代價則是龐大的壓力，但你會忽視隨之而來的身體、情緒和心理的緊繃。

要求完美

你會逼迫自己達到極高的標準，進而讓自己覺得彷彿怎麼做都不夠，於是造成壓力或拖延。你對於完美的執著會造成對人生的負面態度，也讓你身邊的人時常覺得受到批判。你或許覺得很難放鬆去享受當下發生的事或歡慶成功，因為你的內心會持續鑽牛角尖，想著怎麼做才能更完美。當你注意到這點，就可以開始轉移注意力，轉向更正向的態度。

拘泥規矩

觀察自己是否會嚴格遵守規則、例行公事、結構和作業流程，而且會為其他人訂定規矩。當人們不如你希望的那樣遵守規則，或是違反了你的行為準則，你或許會感到憤怒，但你很可能會避免直接承認自己的憤怒。你或許會把這樣的憤怒轉化為憎恨，厭惡那些做了你絕不可能做的「壞事」的人。為什麼他們能隨心所欲，但你卻不能？觀察你在道德、倫理和工作上是否也同樣嚴謹自律？

犧牲享樂

你或許太認真工作，以致於很難找到休息時間。對你來說，工作是否永遠優先於玩樂呢？觀察一下，你是否很難放下對一切的掌控，就這麼讓人生順其自然？你很可能忘了或忽視了驅使你壓抑自身欲望的早期經驗。觀察一下，你是否遵循一套不容質疑的規則，但卻沒意識到為了達到如此高的標準，你感到多麼巨大的壓力？你對於追求享樂總是感到猶豫，也不願意給自己一些好好享受的優閒時光。

控制情緒

當你設法讓自己表達情緒或直覺反應時，隨之而來的往往是大量的自我批判和自我怪罪。當你不願面對憤怒時，憤怒可能會部分轉化為壓抑的惱怒、挫敗、煩躁、自以為是，或是身體上的緊繃。當你將情緒視為沒有建設性或不恰當時，就會為壓抑情緒找藉口，認為過度控制感受再合理不過了。注意你是否會因為表現出憤怒或其他情緒而批評自己或他人，這會使得你逃避感受的習慣得到增強。

> 所有憤怒的核心都源自於未受滿足的需求。
>
> ——馬歇爾．盧森堡（Marshall Rosenberg，美國非暴力溝通中心創辦人）

第一型的激情

憤怒是驅動第一型的激情，通常會反映在他們對於自我批判的執著和對於「好」的追求上。作為第一型的核心情緒驅動力，憤怒通常會以部分或完全受到控制的形式出現。第一型一般來說不會直接表達憤怒，因為他們覺得必須加以壓抑，並將怒火大部分投向自己。他們會避免溝通傳達自己的憤怒，而更重視當個好人，因為他們相信憤怒是不好的。因此，這樣的憤怒也可以解讀為事情或其他人的表現不如人意時，造成的沮喪或不悅。

然而，第一型通常不會覺得自己明顯在「生氣」。他們的生存策略聚焦於良善、美德和正確，因此他們會控制自己潛在的怒氣，甚至不會察覺到自己在生氣。他們有強烈動機要當「好人」，舉止行為合乎社會規範，因此試圖不察覺自己的憤怒，有時會過度控制，而無法意識到自己究竟多麼憤怒。

然而，當我們壓抑自然湧現的情緒時，情緒並不會因此消失。因此，當第一型無意識地逃避憤怒時，憤怒會以壓抑的形式滲出，例如批判、煩躁、惱火、挫折或自以為是，並且反映出他們對於事物的吹毛求疵。當他們無法把一切變得更公正、完美或理想時，就會陷入憤懣和不安的情緒風暴中。情緒也可能以生理的形式滲出，例如身體的緊繃或特定的聲調語氣。

假如你覺得自己屬於這種人格類型，那麼在覺醒的過程中，就必須特別注意下面幾種常見的憤怒呈現型態：

- 堅持監控所有發生的事。
- 自我批判及批判他人。
- 努力改善自我和其他人事物，並嘗試規範、控制或糾正，讓一切符合較高的標準或理想。
- 直接或間接地表達煩躁、易怒或挫折。

- 被動攻擊型行為。
- 自以為是；聲援或爭取社會正義或政治改革；試圖「做對的事」或「撥亂反正」。
- 羞恥、罪惡感、自責等超我的活動。
- 身體的緊繃或肢體的僵硬。
- 諷刺、嘲笑或批評的語氣。

> 誠實或許無法帶給你很多朋友，但能讓你交到對的朋友。
>
> ——約翰．藍儂（John Lennon，披頭四成員）

運用第一型的側翼獲得成長

在九型人格圖中，與第一型相鄰的兩種類型是第二型和第九型。如果向第九型較健康的

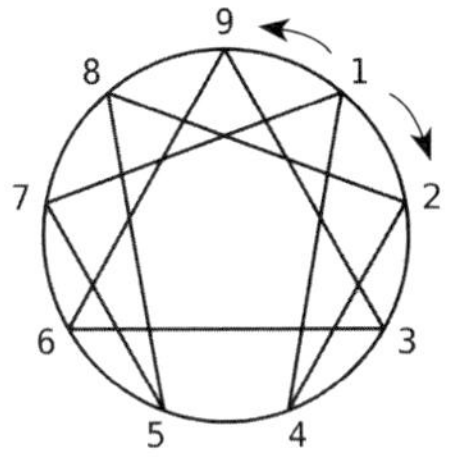

特質靠近，第一型的適應力就會提高，也能學會放鬆。若整合第二型的正向特質，在面對人際關係時則能處理得更好。這會使他們不再過度聚焦於較高的標準和完美的追求，並幫助他們了解自己用「對錯」和「好壞」來區分事物的習慣。

• 首先，學習第九型順其自然的能力，依循他人的計畫或模式，放輕鬆做自己。建立起創造和諧環境的能力，發掘周遭的人讓你認同的地方（而不是你們之間的歧異）。與他人互動時，找到共識，擴展自己的視野，不要只注意到需要改善的地方，而是察覺已經很棒的部分。花更多時間傾聽其他人的看法，而不要急著強調自己的觀點。有意識地對抗自己批判的本性，學習欣賞並支持身邊發生的事，而不是一味吹毛求疵。看重其他人的「正確方式」，而非固執己見，允許自己享受與身邊的人建立連結。

• 接著，整合第二型的特質，不再過度執著於任務和流程，而更重視人和人際關係。透過表達對他人的興趣、同理心和情緒的分享，學習與他人建立更和睦的關係。根據對方的感受和需求進行溝通，與他人合作時更彈性、有技巧。用對他人感同身受的能力取代批判的習慣，覺察對方的需求後設法提供資源或支持。透過刻意練習，讓自己習慣看到其他人最好的一面，而不是需要修正的錯誤。

「簡單的關切就是英雄的行為。

——愛德華．艾伯特（Edward Albert，美國演員）」

●面對陰影

第一型蛻變之旅的第二階段，關鍵在於覺察自我批判評和壓抑情緒與衝動的傾向。這將幫助你了解到，對於把事情做對和追求改進的執著，事實上都可能是壞習慣。

這類型人格者會遭遇到的一大挑戰，源自於他們會試圖壓抑自身的某些部分，因為那些部分可能使他們變得不好或是沒有價值。他們試著當個好人，但這通常意味著忽視或排除任何可能被判定為「不良」的部分，包含錯誤、情緒的失控爆發、正常的本能衝動，以及許多重要的人類感受。如此缺乏自我覺察，可能會使他們充滿批判、僵化、狹隘，但卻覺得自己正直且道德高尚。諷刺的是，他們必須學習的不是改進，而是「變糟」，要從小的事物開始，學著接受「不好」或「犯錯」的風險（及現實）。唯有當他們不再那麼嚴肅認真、凡事追求完美後，才能真正成長蛻變。

第一型的陰影

假如你屬於第一型，以下方式可以幫助你覺察，並開始面對自己的無意識模式、盲點和痛點：

- 不再聚焦於內心批判的聲音，找到停止自我批判和批判他人的方法。批判沒辦法解決問題，只會製造更多問題，會帶給你更多壓力，也使你更加孤立。
- 注意你煩躁背後的憤怒。你在氣什麼？你如何壓抑怒氣？當你不允許自己生氣時，怒火如何滲漏而出？試著擁抱憤怒，學習用正向的態度面對憤怒。
- 學習積極表達情緒和衝動，並覺察自己是否有壓抑隱藏的情緒。發覺自己抗拒某些衝動時，問問自己為什麼。
- 不要太過負責任。承擔較少的緊急任務就好，降低密切掌控一切的渴望，也不要過度執著於細節。
- 更有彈性，對創新和改變保持開放的態度。規劃一些能讓自己更順其自然，並且帶來較少壓力的活動。
- 破壞規則，而且不只是你認為不好的規則。
- 不要因為犯錯而批判自己，也不要過度擔心事情的結果。努力學著原諒自己。
- 參與讓你放鬆享受的活動。聽從你追求樂趣的衝動，將焦點放在快樂而非控制。
- 讓自己使壞一下。暫時忘記自我精進或做對的事。

有光就必定有陰影，任何完整的事物必定有不完美之處。

——卡爾．榮格（Carl G. Jung，瑞士心理學家）

第一型的盲點

第一型往往會有個迷思：完美是存在的，可以達到，也值得追求。因此，當他們試圖達到不可能的高標準時，就無法避免地因為失敗和不足而批評自己。他們的盲點就在於試著隱藏所有不想看見的人性，並竭力讓一切完美。他們否認並掩蓋所有正常人類在這個不完美的世界中，必定遭遇的混亂真實。

第一型的盲點或許包含了情緒（「好的」或「壞的」都有可能）、想要隨心所欲的深層渴望，甚至是想使壞的祕密念頭。他們面對的挑戰是如何接納為了合理化控制欲，而被自己妖魔化的部分。他們或許不願承認這些盲點，因為他們預設的立場就是「做對的事」和「當個好人」。他們害怕一旦接受了自己認為是「壞」的部分，就會讓一切陷入失控的混亂。

假如你覺得自己屬於第一型，那麼以下就是你必須覺察面對的無意識習慣，如此才能在成長蛻變的道路上更進一步：

逃避憤怒

你是否逃避憤怒的感受，也不願表達憤怒？你不願承認的怒氣是否有時會以受到壓抑的形式溢出，例如暴躁、緊繃、僵硬、挫敗、惱怒或自以為是？下面這些技巧或許能幫助你整合這個盲點：

- 注意憤怒（或是受壓抑的怒氣）的跡象，允許自己去感受。
- 覺察並分析你對於發怒可能懷抱的恐懼。更有意識地注意自己的生氣程度。
- 注意自己對於生氣或表達怒氣所做的批判。觀察並反思自己對於生氣的「不恰當性」所抱持的觀點。
- 思考如何在意識到憤怒後，為怒氣找到正向的出口：對抗不公義、建立界線、聲援有意義的議題，或是點出會傷害他人的行為。
- 學習辨識並擁抱其他情緒，例如悲傷、痛苦、熱情和喜悅。當你壓抑某種情緒時，通常也會將其他情緒隨之排除。

批評自己和他人

你是否發現自己常常會自我批判？你是否因為相信自我批判能幫助自律，所以對自己很嚴苛？你是否常常批評其他人？當其他人覺得被批評時，你們之間的關係會發生什麼變化？以下是可以幫助你整合這個盲點的做法：

- 當內心的批評蓄勢待發時，仔細審視自己。你覺得如何？這是否會提升你的壓力程度？

允許自己去感受你對自己造成的傷害和痛苦。注意你是否將自我懲罰視為正常？

- 更加注意你如何實踐自己的高標準。當你以這些標準對待自己和其他人時，背後的信念是什麼？
- 問問你信任的人，是否曾經覺得被你批評，而他們感覺如何？
- 省思自己「內在批評者」的動機是什麼。你是否懷有某種先入為主的定見，讓你時常批評自己？你是否會害怕一旦不再自我批評，就會發生不好的事？
- 省思你批評其他人的部分，是否反映了你無意識的渴望？
- 注意自己有多常指出別人的錯誤。當你覺得自己犯錯時，又如何告訴自己？

忽視放鬆

你多常讓自己放鬆休息？你是否很忌諱把快樂看得比責任更重要？你有多常只做自己該做的事，而不是想做的事？以下是可以幫助你整合這個盲點的做法：

- 做些你認為是「不好」的事。破壞規矩、推遲工作來玩樂一下，刻意做錯一些事。你覺得如何呢？

- 傾聽自己的身體，注意自己有多麼緊繃。
- 找一天，無論說什麼、做什麼都帶點幽默。看看會發生什麼事。
- 注意自己過度自制的傾向。觀察自己如何克制衝動和情緒。這帶來什麼結果？這耗費多少心力？
- 嘗試不負責任一點。你每天是否都會做一些你覺得必須做，但實際上沒有必要的事？
- （當你有事要做時）花一整天享受和放鬆。不要做任何你「應該」要做的事。這有多困難呢？你覺得如何？

> 我們不會原諒他人，我們原諒自己。
>
> ——戴斯蒙．屠圖（Desmond Tutu，諾貝爾和平獎得主）

第一型的痛苦

第一型會建立起防衛性的習慣和人格，來避免一些痛苦。若想體驗這些痛苦，就必須有意識地感受內在小孩的情緒，而情緒源自於早期感受到批評所帶來的痛苦。他們必須感受所有憤怒和憤怒之下的一切情緒，可能是因為受到懲罰或竭力符合外在要求所帶來的痛苦、受傷或難過。

這類型的人通常會壓抑包含快樂在內的許多情緒，或許是害怕體驗了喜悅之後，就會染上危險的惡習，把快樂看得比做對的事更重要。他們或許相信，自由會帶來失序和混亂。然而，當他們面對自己所有的情緒，並了解到所有的情緒都同樣真實重要，他們就不再需要否定自己的感受，強迫自己維持不可能的高標準。這是他們獲得解放很重要的一部分。

如果你屬於第一型，要面對你逃避的某些感受可能很困難，因為你一直以來都相信這些感受是不恰當、錯誤或危險的。然而，為了要有所成長，你必須讓自己接受這些感受。假如你學會忍受這些痛苦，就能更加了解真實的自己，最終會覺得好受很多。要記得，唯有殭屍才不會感受到痛苦。以下步驟能幫助你察覺並面對你的痛苦：

- 意識到自己的憤怒及憤怒的理由。探索所有由憤怒「衍生」而出的情緒，例如惱火、挫折、不耐煩、身體緊繃或自以為是。你越是體會並探究各種形式的憤怒，最終就能感受到越大的自由。想想看有哪些令你生氣的好理由呢？

- 分析你的恐懼。你為什麼相信如果讓自己面對憤怒，就會發生不好的事呢？
- 想想你一直以來對自己有多麼嚴厲，並且為年幼就必須壓抑所有自然衝動和直覺，來避免批評和懲罰的自己感到悲傷。
- 覺察到你的自我控制和自我批判背後的痛苦，也就是或許沒有做錯事，卻仍然因為「不好」而受到懲罰的痛苦。面對你對於犯錯的焦慮，以及自我控制的需求所伴隨的罪惡感。
- 當你允許自己聽從自然衝動時，探索任何隨之而來的羞恥和尷尬感受。
- 覺察到你為了控制自己，而推開的快樂或喜悅。

> 所有的憤怒深處都是痛苦。
>
> ——艾克哈特．托勒（Eckhart Tolle，心靈大師）

第一型的子類型

若能了解你的第一型子類型，可幫助你更精準地面對你的盲點、無意識傾向，以及隱藏的痛苦。每個子類型的模式和傾向，會因為所依賴的三種生存本能而有所不同。

自保型

這個子類型通常會感受到最多憂心和焦慮，並且最積極追求完美。他們通常從年幼時就開始感受到過度強烈的責任感，因此對於生存懷有恐懼。他們最為嚴以律己、寬以待人。他們最容易壓抑憤怒，因此對於憤怒沒有同理心。他們的憤怒會以身體緊繃、過度控制或憎恨的形式滲漏而出。然而，他們也是所有子類型中最溫暖友善的一型。

社交型

這個子類型不能說是完美主義者，但至少在外表上表現得「完美」。他們致力於找到正確或最好的做事方式，並且傳授給其他人。他們通常是知識程度最高的子類型，也可能表現出優越感，因為他們會將憤怒轉化為對成為「真相擁有者」的追求。他們在壓抑憤怒上表現還算成功，所以看起來比較「酷」，而不會緊張焦慮。他們關注不公義的社會議題，並為此努力，但在群體中會覺得不太自在。他們通常會扮演領導者的角色，並向他人展現自己的正直。

（一對一）性欲型

這是唯一在憤怒的應對方面比較自在的子類型。比起其他子類型，他們更常展現憤怒，但有時還是會加以控制。雖然他們仍會自我批判，但批判他人的力道比較強烈。他們宣稱自己有較高的道德權威，通常以改革者而非完美主義者自居。對於他們認同的事、認為必須修正的事，以及追求內心渴望事物的權利，他們會熱烈擁護爭取。

> 憂心通常會帶給微小的事物巨大的陰影。
>
> ——瑞典俗諺

第一型子類型的陰影

假如知道自己子類型特有的陰影，就能幫助我們更有效地面對挑戰。以下是每個子類型的陰影列舉。由於每個子類型的行為都可能讓人覺得相當自然而然，因此要看清並面對就會相當困難。

自保型的陰影

假如你屬於這個子類型，你對於自己所做的一切都會懷抱極高的焦慮和擔憂。你總是覺得結果不夠好，心裡很不舒坦。你會無意識地壓抑憤怒，甚至以完全相反的方式表現出來：你呈現出有禮貌又友善的表象。你會把壓抑住的怒火內化，因此加劇自我批判，而你體內的怒火也找不到出口。你覺得自己必須控制所做之事的所有細節。你焦慮地想讓一切都很完美，也包含了你自己。為了成長，你必須找到紓解焦慮的方式，並更加覺察自己的憤怒。

社交型的陰影

假如你屬於這個子類型，你會竭盡全力找到正確或完美的做事方式，接著就嚴格恪守這種方式。你會壓抑部分怒氣，進而無意識地希望自己凡事都能占據才智或道德的制高點。你必須成為完美的榜樣，教導其他人正確的做事方法，但你卻看不出這會使你和其他人疏離。你把自以為是當作受到壓抑的怒氣的宣洩出口，而且你有強烈的控制欲。你可以試著更有彈性，不過度執著於完美。

（一對一）性欲型的陰影

假如你屬於這個子類型，你會強烈渴望使他人完美，並且改造社會，讓每件事都能符合你認定的正確、完美或公義。你透過批評別人來建立自己的道德權威。你會發洩自己的怒火，並無意識地逃避責任，不願修正自己偏差的觀念或行為。你的控制欲強烈。你極力追求自己想要的，因為這符合你的價值觀，而你會避免質疑自己的標準或權威。當怒火使你的欲望增強時，你就會合理化自己予取予求和對他人指手畫腳的權利。

> 唯有接受才能帶來快樂。
>
> ——喬治．歐威爾（George Orwell，英國作家）

第一型的困境

第一型的困境主要源自於憤怒的激情和寧靜的美德之間的兩極性。對這類的人來說，如果能覺察到他們對於正確的執著，並且注意到不對勁的地方（也就是他們會不顧一切想讓事情更完美），就能幫助他們了解憤怒的激情如何運作。一旦越來越了解他們如何受到憤怒所驅動，就能夠朝著寧靜的狀態蛻變。寧靜的狀態是什麼？是內心完全和平，並且全盤接受所有人事物的樣貌。當他們以寧靜與和平為目標時，就會開始放下對於「正確」和「完美」的執著，變得可以接受世界的真相：事物雖然通常看起來不完美，但這樣的不完美也可以是一種完美。

假如你覺得自己屬於第一型，以下步驟能幫助你更加覺察自己的憤怒，並朝更高層次的寧靜邁進：

- 覺察自己身體的緊繃是否反映了想要糾正或調整周遭事物的渴望。
- 觀察自己是否習慣性抗拒放鬆，不願降低內在的標準和外在的矜持。放下自己想要改變內在或外在事物的念頭。
- 注意自己是否經歷任何生理的壓力或緊繃，並試著放鬆。舒緩你感受到的所有壓力，看看自己生理上和心理上覺得如何？
- 生氣時就承認，並檢視憤怒的原因和後果。除了注意你的憤怒外，也注意自己是否想要壓抑或控制。如果好好接受你的怒火，承認這代表你很在乎，會發生什麼事呢？

• 試著對自己懷抱同情心：你的人格天生有不完美的地方，而你凡事追求完美的過程帶來許多內在的衝突。問問自己，你想要追求正確，或是快樂就好？

• 想想看，或許事情原本的樣子就「可以」了，你不需要介入來改善。問問自己，你對現實的抗拒真的重要嗎？專注在接受上。

「和平不是指國與國的關係，而是靈魂寧靜所帶來的心理狀態。

——賈瓦哈拉爾．尼魯（Jawaharlal Nehru，印度獨立後第一任總理）」

運用第一型的箭頭獲得成長

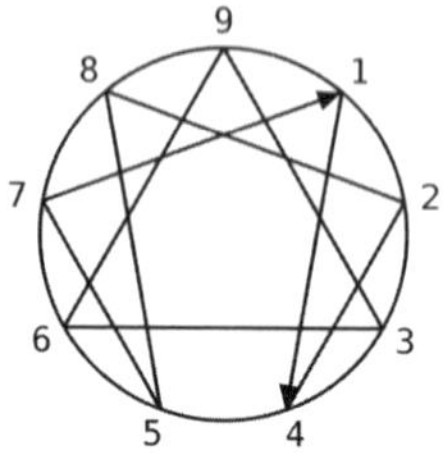

在九型人格圖中，與第一型以箭頭相連的類型是第四型和第七型。如果能整合第四型接受情緒的能力，第一型就能大幅蛻變，不再過度執著於追求正確和逃避責備；如果能發展出第七型探索各種可能性的傾向和創意思考能力，第一型就能變得更放鬆，創新能力也會提高。

• 首先，培養第七型的健康特質，允許自己探索不同的可能性，思考時跳脫框架，不要再固執於既有的習慣和規則。腦力激盪出更創新的做事方式。看見彈性思考和行動的價值。不執著於挑出錯誤和更正，應該找機會讓自己享樂和放縱一下。更重視生命中的快樂和趣味，讓自己的世界多一點輕鬆、幽默及社交，早點結束工作去享受生活。放寬你的高標準，允許自己不以「對」的方式做事，而是追求一點刺激和趣味。

• 接著，整合第四型的健康特質，有意識地觸碰自己更深層的情緒。什麼事能讓你真心快樂？什麼事令你難過？探索你過去推開的任何痛苦、悲傷或憤怒，因為在壓抑了這麼久之後，任何真實的情緒體驗都是好的。有意識地用創意的方式表現自己，不要再固守既有的習慣和模式。做自己想做的事，而不是你的內在批評認為你「應該」做的事。問問自己，什麼事是有意義的，並聽從你內心的聲音。

> 你無法讓海浪停止，但你可以學會衝浪。
>
> ——約瑟夫．戈爾茨坦（Joseph Goldstein，美國生化學家及遺傳學家）

●擁抱更高的層次

旅程的第三階段，第一型已經接受自己不需要那麼努力和完美，也值得被愛。他們了解到自己的價值，只要做自己就夠好了。他們對自己更滿意，學會接受甚至是欣賞不完美，也明白世界上的一切都不完美得很完美。

當第一型學習相信自己的價值，他們就能相信無論發生什麼事，其實都只是某種更宏大的潮流的一部分，他們不需要去管理、指揮、對抗或改善。當他們不需要藉由把每件事都做對來證明自己的價值，他們就會明白自己有能力選擇活得更自由，可以更依照自己的本性和偏好而活。他們可以做喜歡的事，而不只做該做的事。他們可以在做事時加入更多幽默和輕鬆。當他們到達這樣的層次時，和他們相處就會非常愉快。

假如你認為自己屬於這個類型，當你開始展現出較高的層次，了解到自己已經完成了內在的努力，改變內心對完美的堅持和追求，你就會放鬆而得到冷靜和祥和。隨著這樣的平靜增加，你將越來越能超越內心的批判。下列步驟能在這段旅程中幫助你，而這是以前的你辦不到的：

• 學著深層放鬆，身體上和情緒上都是。當你放鬆時，就能讓壓抑的直覺衝動重新浮現，而你能更有智慧地引導這些情緒。你可以欣賞自己的身體和本能與生俱來的智慧，並因此獲益。

• 接受並感受自己內心和人際間的和平。了解到每個人天生都是好的、「對的」或完美的。

• 培養創意、自我展現、順其自然和放輕鬆的能力。做事時帶點幽默感。

• 不要太過積極，學著接受；不過度自制，讓自己感受更多和平與寧靜。

• 不再執著於改善世界的責任心，相信有某種比你更偉大的力量在運作，即便你不努力，也能讓一切有最好的結果。

• 了解到問題、錯誤和挑戰，都可能是我們成長所需要的老師。

> 如果我們不先接受，就無法改變任何事。
>
> ——卡爾．榮格（Carl G. Jung，瑞士心理學家）

第一型的美德

寧靜的美德是第一型憤怒激情的解方。在寧靜的狀態中，他們體驗到冷靜和壓力的消失。當第一型看見憤怒如何違背了生命的自然律動和他們的深層理解時，他們就會有意識地不再抗拒，而是轉為接受現實。這意味著能開心放下固有的矜持和批判，而這會進一步讓他們接受內心自然的平靜，隨著生命流動，不再批判、拒絕或貶低當下發生的每個事件。

假如你覺得自己屬於這一型，寧靜將幫助你緩解生命中的憤怒體驗，讓你放下用完美的高標評判一切的習慣。當你不再批判，就會創造出足夠的空間，讓自己感受到接受了內在和外在真實所帶來的澄澈。在寧靜中，你將得到以前或許不曾思考過的觀點。這是來自內心的觀點，而非基於批判或文化制約。

在寧靜的狀態中，你將體驗到：

- 開放、感受力和接受。
- 內在批評的聲音停止後的平靜和輕鬆。
- 接受現實的樣貌。

- 情緒和身體上的放鬆，憂慮得到緩解。
- 內在的澄澈，不再受制於反射性的反對。
- 內在的冷靜、自然和滿足。
- 了解到對任何事物的反對，都可能使自己違背了生命的流動。
- 完整且無條件地接受自己和他人，心懷感恩。
- 不再感到易怒、緊繃或難過。

> 既然人們無法控制他們的愚蠢，你只能試著控制自己的脾氣。
>
> ——尼尚．潘威爾（Nishan Panwar）

從殭屍的狀態覺醒

對於第一型來說，擁抱真實自我的關鍵在於逐漸學習到，如果維持虛假的自己，就永遠不可能達到完美。然而，當他們超越自己的自尊後，「好與壞」和「對與錯」就不再有意義。當他們達到較高的寧靜層次後，真實的自己就會超越虛假的自己，而他們學會相信萬事萬物天生的價值。

當第一型了解到，他們對於把事情做對和追求高標準的執著，永遠不會得到滿足，只會帶來更多壓力，他們就能超脫虛幻的理想，因而得到解放，變得更輕鬆、幽默、興致高昂和自然真誠。

第一型的蛻變之路可能充滿挑戰，因為要放下對於「對」的執著並不容易。這樣的執著讓第一型覺得自己除了達到完美之外別無選擇，特別是因為他們覺得完美無瑕才值得被愛。然而，當他們打破了畫地自限的習慣，並且接受了他們已經值得被愛的現實，就不會再拚命自我改進了。

身為第一型，當你開始展現出真正的自己後，就能順著自己自然的衝動、直覺和情緒。你將自己從內在批評的持續監控中解放，接受自己的一切。你開始將憤怒的能量轉化為對正向改變的追求。你了解到自己純粹的善意，並接受自己天生的價值。當你超脫無意識的殭屍狀態，不再執著於改善和壓抑自己真正的感受及渴望，你就能解放自己的能量，並實現自我與自然的合一。原本充斥著內心批評的空間，將會被長久的平靜、自由與喜悅所取代。

第二型

從驕傲到謙卑

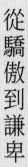

不要覺得少數有志之士不足以改變世界，因為事實上，世界就是靠這些人改變的。

——瑪格莉特．米德（Margaret Mead，美國人類學家）

很久很久以前，有個人名叫「二」。她小時候是個快樂的孩子，充滿了愛，對生命非常滿足。她愛人們，也愛愛她的人。她深深愛著自己和周遭的一切。從出生起，她對於情緒就敏感體察，並且強烈需要感受到愛和支持。

然而，隨著「二」漸漸長大，或許因為這些人格特質，當身邊某些人無法滿足她的需求時，她經歷了許多不好的感受。當她感到飢餓時，不一定會有人來餵她；當她受到傷害時，不一定有人發現她需要安慰；當她覺得非常需要愛時，卻常常覺得不被愛。

「二」試著對身邊的人表達愛，希望能因此找到自己需要的愛。她試著照顧別人，希望別人也照顧她。她以為，如果自己人夠好，能幫助和支持別人，別人也會對她好，並且會幫助和支持她。他們或許會記得照顧她。

為了得到迫切需要的愛，「二」發現自己竭盡所能地討好其他人。其他人的感情帶給她安全感，幫助她不再覺得被忽略。追尋被愛（或被喜歡）的過程中，她對每段關係都投注了大量心力。她和其他人建立非常正面的連結，傾聽他們想說的話，表達對他們的興趣，說些好笑的話逗他們開心。為了讓他們欣賞，她維持最佳的外表；為了讓他們快樂，她送他們喜歡或需要的東西，有時甚至是在對方發現自己有所需要之前。「二」變得很擅長討好別人，甚至大部分時間都喜歡這樣做，儘管這有時候會令她精疲力竭。

隨著時間過去，「二」對於愛的渴望讓她變得極度擅長對其他人感同身受。這幫助她討好其他人，希望藉此贏得對方的感激和照顧。她變得很慷慨，因為她發現只要送別人東西，對方就會更喜歡她。然而，她不喜歡自己開口索求，因為其他人可能會說不，讓她覺得被拒絕。被拒絕的感覺和被愛相反。最終，在逃避不被愛的痛苦好幾年後，「二」幾乎抹去了所有關於愛的回憶。

因為太擅長討好其他人，很多人的確很喜歡「二」，這讓她覺得自己很重要。但過度關注他人需求的下場，是「二」忘了自己的需求，有時也忘了自己的感受。最後，她完全無法察覺自己的需求和感受，只想追尋其他人的認同。雖然「二」沒有意識到自己希望得到肯定，但她甚至開始控制甚至操縱其他人，因為她希望讓他們看見她有多重要。她變得很擅長在其他人不知不覺的情況下控制對方，而外表總是表現得善良、慷慨、無私。

「二」的生存策略漸漸主宰了她的人生。她完全忘了最初驅使她討好別人的原因：對於愛的需求。當其他人認同她時，她偶爾會產生類似滿足的感覺，但這感覺消退得很快，讓她渴望更多。即便她精疲力竭，也會試著滿足每個人的需求。當她想得到某人的認同時，就會因此改變自己的樣貌，而她也無法對任何人說「不」。她對於「被愛」和「變得重要」的需求越來越無法滿足，在努力改變自己討其他人歡心的過程中，她也忘了自己真正的模樣。

有時候，的確也有人會給「二」真誠的愛，但她卻無法置信。當她學會妥協接受些微的注意力、欣賞和認同時，也就無視了自己更大的需求和更深層的感受，並且將自己和「自我」切割，也失去了得到真正的愛的能力。這讓她完全無法接受任何其他人的好意，其中也包含了她最初所渴望的愛。

「二」成了行屍走肉。雖然友善、慷慨、樂於助人，但終究只是個殭屍而已。

第二型的特質

假如以下大部分或全部的人格特質都符合你的狀況，那麼你或許就是第二型：

□你的注意力大多放在人際關係和其他人對你的反應上。
□你會擔心其他人是否喜歡或認同你。
□你會去觀察周遭人的感受和喜好，並且改變自己來創造正向的和諧關係。
□你習慣性地預期別人的需求，特別是對你來說重要的人。
□你很難注意到自己的需求，也很難開口求助。
□你希望其他人喜歡你，也希望生命中重要的人很在乎你。
□你和其他人建立正向的連結，但對於親近的對象會有所選擇。雖然你希望每個人都喜歡你，但有些人就是比其他人更重要。
□你相信可以透過魅力、慷慨或支持，讓其他人喜歡你。
□你擅長表現出友善、振奮、正向，並且自詡是個可靠的人。

假如在看完這份檢核表後，你發覺自己屬於第二型，那麼你的蛻變旅程將會分成三個階段：

首先，你會展開認識自己的旅程。學會看見自己討好別人、改變自己的人格模式。

接著，你必須面對自己的陰影，越來越意識到為了配合太多人，你如何失去自己。這會激勵你辨識並接受自己比較沒那麼正向的自我。

最後一步，你會放下虛假的自己，更接受真正的自己，並且因此活得更真實，好好接受你所追尋的愛。

> 一個人不會因為想像光的特性就得到啟明，而是必須意識到黑暗的存在。
>
> ——卡爾．榮格（Carl G. Jung，瑞士心理學家）

踏上蛻變旅程

對於第二型來說，蛻變之旅的第一階段，包含了主動並有意識地觀察他們如何體察別人的情緒，而非自己的。他們如果能認真注意自己的習慣模式（例如他們如何透過討好他人來得到自己想要的，卻又試著表現得無私利他），就能踏上覺醒的旅程。

身為第二型，你的旅程就從看見自己給予其他人多少關注，又是多常忽視自己的需求開始，且你不該自我批判。這會幫助你覺察到自己多麼依賴別人的認同來定義自己。

第二型的關鍵模式

當這類型的人沒有發覺自己對於愛和認同的需求，他們就會覺得自己對其他人的支持都是出自真誠服務的心。雖然有時或許的確如此，但事實是，他們需要別人的重視，所以努力在不直接開口要求的情況下，設法操控他人。要承認這點可能不容易，第二型或許不這麼認為，於是想要辯解，但他們的生存策略就是會驅使他們去操縱別人。扮演「拯救者」的角色通常能讓他們在面對關係時，站在安全的位置，不但可以覺得自己很重要，同時也避免暴露脆弱的一面。然而，為了在覺醒之路有所進展，第二型必須學習注意到這點。

假如你認為自己是第二型，就必須觀察並意識到這五個習慣模式，才能有所成長：

需要被喜歡

大多數時候，你的動力來自其他人的認同，並暗自害怕被拒絕或排擠。對你來說，其他人的喜愛很重要，而你覺得自己可以讓其他人喜歡你。注意你是否會擔心自己對其他人的影響，因為留下正面的印象太重要了。觀察你是否常常為了迎合別人而改變自己，只表現出你認為別人會喜歡的樣子，隱藏他們不會喜歡的部分，包括你的意見、偏好和感受。

最小化自己的需求，努力討好他人

你或許會害怕，假如你公開表達自己的需求，別人會認為你太「飢渴」。注意你是否在其他人拒絕你的要求時，感到脆弱受傷，因為被拒絕會讓你想起剝奪帶來的痛苦。注意你是否通常不知道自己需要什麼，即便知道的時候，也很難開口求助。對於你真正的需求或渴望，你通常會妥協讓步，因為你覺得討好別人比滿足自己的需求更重要。雖然沒有意識到，你或許相信唯有助人得到的感激和認同，才能帶來生命真正的滿足。於此同時，你持續忽視自己真正的需求和渴望。

關注人際關係

注意自己在人際關係上付出多少心力。觀察你是否無意識地試圖間接透過你和他人的關係，來滿足你的需求。注意你是否避免直接開口索求你需要的東西，通常是害怕會帶給別人負擔，把他們嚇跑。或許你沒有意識到，你會把人際互動看成互惠的交換：「假如我給你什麼，你應該也要回報些什麼」。這樣的「交換心態」會造成你為了不需要開口索求就得到回報，而過度付出。這樣的模式可能使你精疲力竭且心懷怨懟。

想要覺得自己很重要

注意你是否常覺得自己必須討好生命中最重要的人，或是贏得他們的欽佩。你或許會注意到，自己花了很大的力氣追求重視的人的感情，而這種需要被重視的心情時常讓你覺得自己「不夠重要」。觀察自己在討好他人、建立正向連結的過程中，是否過度關注自己無法得到認同或重視的可能性。注意你如何依賴別人的認同來證明自己的價值，這可能使你一旦遭受任何質疑，就沒辦法覺得自己「還不錯」。因此，你會投注更多努力讓自己受重視。

因為自己被需要而感到驕傲

注意你是否覺得自己必須在別人的生命中扮演中心角色，並且沒有意識到自己正努力讓最親近的人覺得你很重要。當某人告訴你：「沒有你，我們根本不可能做到」時，你是否感到特別振奮？你很可能盡力忽視或否認自己提供他人幫助或支持的手段，其實都是為了提醒他們，他們很需要你。雖然不願意承認，但當人們不接受你（或你的引導）時，你會變得過度控制；而當你滿足他們的需求，卻得不到重視時，情況也是如此。

有時候，開口求助是韌性最有意義的展現。

——柯瑞．布克（Cory Booker，美國民主黨政治人物）

第二型的激情

驕傲是驅動第二型的激情。在這個情境中，驕傲指的是自我膨脹，也就是覺得自己需要受到重視或被珍惜。對這類人來說，驕傲類似於某種虛假的自大傲慢，也就是基督教故事中讓撒旦「墮落」的原因。這會使他們透過控制情勢來「扮演上帝」，因為他們認為自己知道什麼是最好的、事情又該如何發生。他們會相信自己能控制一切事件和其他人感受的假象，不認為自己會受制於超越他們的更強大力量。

在日常生活中，驕傲會讓第二型相信，他們必須當個超人才能被其他人接納。這使他們隨時努力達成其他人的需求，想變得不可或缺。然而，這也使他們無法覺察自己對其他人的需求，於是認為自己可以給別人一切，而不需要任何支持。他們只看見別人的需求，卻看不見自己的，於是無意識地把自己提高到所有人之上。

這樣的驕傲（通常都是無意識的）會使第二型變得慷慨，因為他們需要得到重視。這讓他們把支持當成某種形式的影響力或控制方式。相反的，他們常會覺得自己不夠好、不夠重要。為了有所成長，他們必須注意到這樣的驕傲表現：提升自身重要性的欲望和覺得自己不夠重要的痛苦，才能繼續往前進。

假如你認為自己屬於第二型，你必須學會注意到這些驕傲的表現，才能進一步邁向覺醒：

- 否定自己的需求，害怕別人會覺得你太過渴切。
- 不開口求助。
- 相信自己可以滿足所有人的需求，卻不承認自己的需求。總是達成其他人的需求，而在其他人沒有回報時，感到憤恨怨懟。
- 假定自己可以讓所有人都喜歡。
- 努力提升自己的能力、付出、慷慨和自我犧牲，試著讓自己變得不可或缺。
- 「為求回報而付出」，策略性地對其他人付出，想得到認同或支持，卻不承認自己希望得到回報。

- 在心中提升自己的地位，覺得自己最有見識，應該得到重視；假如其他人不夠重視你，就會覺得受到冒犯。
- 假如遭受批評、厭惡或拒絕，就會覺得備受打擊甚至是被冒犯。
- 以照顧者、拯救者、強力支持者或是「幕後黑手」自居。

驕傲會建立起自己的帝國，並在其中掌權。

——威廉．赫茲利特（William Hazlitt，英國文學家）

運用第二型的側翼獲得成長

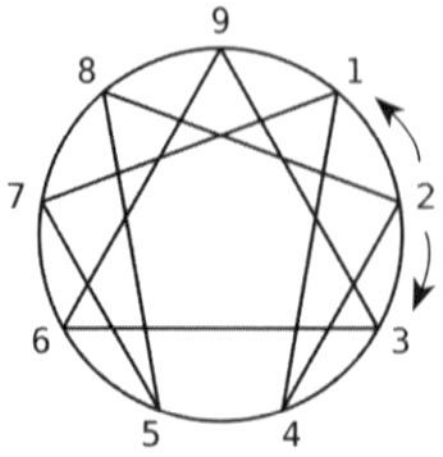

在九型人格圖中，與第二型相鄰的兩種類型是第一型和第三型。第二型如果想要調和他們對於他人關愛的過度執著，可以學習第一型的平衡和自律，接著整合第三型建立目標、朝目標努力的能力。這幫助他們不再耗費大量心力在人際關係上，並且注意到自己的需求，以及對自己重要的事物。

- 首先，學習第一型對於過程、任務和結果的專注，這些都和改善人生某些面向或自我照顧有關。不再對於其他人和人際關係過度關注，而將一些心力放在自律、結構和例行公事上。當你覺得自己過度情緒化時，就練習洞察力：理性評估什麼是「對的」或「適當的」。當你過度注意他人而「失去自我」，試著一步一步重新與自己內心的需求和規劃連結。當你又覺得情緒氾濫時，不妨建立規律運動的習慣或練習腹式呼吸法，這會幫助你更加覺察自己當下的身體。
- 接著，整合第三型的健康特質，關注在做事本身而非感受，抽離情緒並提高生產力，立定個人目標並規劃達成的方式。當人際關係的問題拖慢你的腳步時，專注在完成你的待辦清單，或是努力把下一件事做完。當你覺得低落難受時，可投入工作或是喜歡的運動，又或是努力滿足自己的某個需求或渴望。不再過度關注他人，而是取得平衡，多關注手邊的任務或目標，滿足你個人或職涯上的需求。

「我們必須放下自己規劃好的人生，才能接受等待著我們的人生。」
——約瑟夫．坎貝爾（Joseph Campbell，美國神話學家）

面對陰影

第二型蛻變之旅的第二階段，在於覺察、承認並接受真實的自己，特別是自己真實的需求和情緒，而不是全心迎合其他人的需求或偏好。這會幫助他們看見自己被壓抑或否認的部分，讓他們意識到討好或照顧他人有時候可能並不是好事。

當第二型缺乏自我覺察時，就可能顯得有侵略性、索求無度、控制欲強烈，但他們卻認為自己無私、獨立、助人為善。假如他們不面對自己內心為求回報才給予的策略，就可能變得黏人、過度敏感、過度依附特定的關係、執著於索求回報。當其他人無法滿足他們未表達的期望時，他們就會暗自感到怨懟或理直氣壯地發怒。對他們來說，要覺察自己和善的外表之下，潛藏這類更深層的動機或情緒反應，有時候是痛苦而羞辱的。

第二型的陰影

假如你屬於第二型，以下方式可以幫助你覺察，並開始面對自己的無意識模式、盲點和痛點：

- 辨識和表達自己深層的需求，並尋求其他人的幫助。一開始，這可能很有挑戰性，你或許並不知道自己真正需要什麼，更不知道如何開口。你或許會覺得很丟臉。假使如此，把這當成一件好事，不要因為感到脆弱無助就放棄。
- 接觸、處理、接受並管理自己的情緒。身為第二型，你可能很情緒化，但會因為害怕人際關係受阻，而選擇壓抑自己的情緒。
- 不要過度執著於人際關係和其他人是否喜歡你。主動承認並不是每個人都會喜歡你。這一開始可能有點傷人，但想想看，當你不再需要為了迎合別人而改變自己，那會感到多麼自由啊！
- 放棄對你沒有好處的人際關係。你或許會過度容忍某些人，因為你已經習慣扮演支持者的角色，也以此自豪，雖然你未必會得到什麼回報。

- 建立人我之間的界線，表達自己的願望，學會說「不」。學會尊重自己的界線，然後幫助他人也學會尊重界線，將使你受益良多。
- 當你沒有空，或是覺得對方的要求太過分時，都要告訴對方。
- 學習「做自己」的真諦。專注在表現真實的自己，而不是改變自己來迎合其他人。花一點時間獨處，問問自己需要什麼、想要什麼、喜歡什麼，然後滿足自己。
- 感受不那麼被重視、不付出那麼多所帶來的自由。當你更加覺察自己如何渴望他人的重視時，就開始試著放手。重視自己就好，因為你就是你。主動積極地享受這樣的自由。
- 意識到自己身而為人的弱點和限制。注意自己是否在人際關係中承擔了過多的重量，並適時停止。覺察自己為了得到喜愛的努力，並且學著放手。
- 覺察到一直以來所壓抑的痛苦，允許自己難過心碎。讓自己感受過去逃避的所有痛苦、難過、憤怒或其他情緒。讓自己流淚，這是你需要的，而且會帶來益處。過程中也請向其他人求助。

行屍走肉般的你當然不想面對這些挑戰，畢竟你已經投注了這麼多心力來創造形象，並說服自己你很重要。

沒有痛苦就沒有覺醒。

——卡爾．榮格（Carl G. Jung，瑞士心理學家）

第二型的盲點

這類型的人可能不願意面對自己的盲點，因為他們通常很快樂，而不想要難過。他們或許內心深處很不安，但生存策略幫助他們逃避了積極正向的外表下更深層的情緒。他們不願意內觀自省，而是專注向外尋求「正面」的認同。他們對於自己的慷慨和支持感到驕傲，忽視了自己想當個善人的深層原因。而上述的種種都會阻礙他們成長。

然而，好消息是，假如你覺得自己屬於第二型，並且願意檢視自己的盲點，經歷任何隨之而來的痛苦，那麼你最終將體驗到自由。假如你能忍受無意識的人際關係策略被暴露的羞恥，你就能放鬆，不再需要為了其他人付出或偽裝這麼多。以下是一些習慣性的無意識傾向，你必須要好好面對才能有所成長。

否認自己的需求

別人問你需要什麼時，你是否毫無頭緒？即使你設法知道自己需要什麼，是否也很難開口尋求？試試看這些整合盲點的方法：

- 一天重複問自己幾次：「我現在需要什麼？」
- 找個心理師或親近信任的朋友，談談你的需求在人生中如何得不到滿足。是什麼阻礙你感受自己的需求？你是否害怕假如表達自己的需求，會有什麼事發生？讓其他人覺得自己需求很多有這麼糟嗎？你對於高需求的人真正的想法是什麼？
- 當其他人有你沒有的需求時，你會感到高人一等。面對這樣的自傲，承認自己也有許多需求，一一列舉出來，讓自己轉向謙卑。
- 更加覺察到否認自己的需求、不願開口求助，這背後對於拒絕的恐懼。
- 直接並清楚地向其他人提出你的需求。關注並忍受對方同意或拒絕後帶給你的感受。

為求回報而付出

你是否注意到，自己在助人的背後玩弄的策略？當你提供支持時，是否會否認自己想從中得到什麼？給予他人「策略性的幫助」是否是你追求未被滿足的愛的方式？以下這些行動能幫助你整合這個盲點：

- 每次提供幫助或支持時，去注意自己背後的動機。你想得到什麼回報？
- 注意一下，你是否在幫助別人卻沒有得到預期的回報後，感到怨懟憤恨。有時，你甚至沒有意識到自己想要怎樣的回報。
- 注意自己是否有任何操縱他人或情勢的渴望。你是否做過什麼可以稱為「操縱」的行為呢？你是否試過用間接的方式得到自己想要的？是什麼妨礙了你直接表達自己的需求呢？
- 承認自己或許不如看起來那麼善於助人，有時候你會用樂於助人這一點來當作滿足需求的手段。
- 注意自己的恐懼。你是否害怕自己求助時，會被對方拒絕？你不願開口求助，是因為想避免怎樣的感覺呢？
- 注意到對他人的讚美、討好、奉承或支持，都是你試圖讓其他人喜歡或愛你的手段。更加覺察自己未被滿足的對於愛和關懷的需求。

害怕並逃避親密關係

當某人親近你，幾乎真的能愛你時，你是否感到恐懼？接受其他人的正向回饋對你來說是否相當困難？你是否很難接受或善用真的發生在你身上的好事？你是否很難真的讓別人親近你？諷刺的是，第二型很難真正領受他們追求的愛。以下這些行動能幫助你整合這個盲點：

- 承認你很難接受自己深切渴望、努力追求的愛。注意自己是否在成功取悅吸引他人後，卻很難接受對方的情感。
- 承認你很難好好接受讚美。試著了解是什麼妨礙你接受自己所追求的正面肯定。努力積極接受正面的回饋。
- 觀察你是否無論得到多少讚賞，都想要追尋更多。
- 醒思你為何總是想從不可能的人身上得到愛。了解你如何受到困難人際關係的驅動，又為何總是追尋無法滿足你需求的人，以藉此逃避親密關係。
- 面對你對於真正人際連結的恐懼，想想當能夠愛你的人接近你時，會發生什麼事。努力理解這種恐懼的來源和型態，對你希望更親近的人坦承這樣的恐懼或不適，藉此拉近你們的關係。

- 做些「鏡子練習」：練習面對鏡子正面肯定自己，讓肯定的話語在心中扎根。

活著就難免脆弱。

——麥德琳．蘭歌（Madeleine L'Engle，美國作家）

第二型的痛苦

第二型通常很快樂開朗。他們覺得自己必須讓其他人開心，所以總是專注在正面的情緒上。他們也時常壓抑或無意識地逃避痛苦的情緒，例如憤怒、難過或受傷。他們常常下意識地擔心，假如自己表達了負面的情緒，其他人就不會喜歡他們。他們注意到其他人喜歡快樂的人，並且會抱怨那些陰晴不定、過度情緒化的人。因此，他們採取了自己認為能吸引其他人的情緒狀態，並且避免碰觸自己真實的情緒，試圖保持人際關係的和諧。

為了要覺醒，第二型必須更覺察自己的真實情緒，好好感受並接受，不再以此為恥。第二型天生情緒化，而他們的感受其實會帶給自己重要的訊息。然而，他們卻極力把自己不想展現的情感推開，也壓抑可能會令其他人不舒服的情緒。為了有所成長，這類型的人必須迎接自己所有的感受，當然也包含痛苦。就像我們所有人，他們要從殭屍狀態中覺醒，就必須感受痛苦。

假如你覺得自己屬於第二型，你或許會難以面對這樣的現實：不是每個人都能像你希望的那樣喜歡你，也不是每個人都歡迎你的「幫助」。在學習承受這些痛苦感受，並更加實現真實自我的過程中，以下技巧能帶給你幫助：

- 接觸自己的恐懼，你或許會害怕自己的人格傾向和策略被暴露。面對假象，你不可能管理好自己的形象，讓人際關係順利運作。或許很羞恥，但要了解到，你的策略其實是源自於迫切想得到其他人的愛。學習坦誠面對自己的錯誤、不真誠、驕傲和其他缺點。了解到你對他人肯定的需求，有時會讓你變成控制狂，充滿侵略性，甚至強迫他人。
- 當你終於允許自己承認你為其他人做了多少，你會發現這令你精疲力竭。
- 學會覺察你覺得不被看見、欣賞、理解或喜愛時的憤怒。當你覺得自己沒有得到應得的，或是發覺自己為了關注別人而放棄自我時，注意你是否因此感到怨懟。要有勇氣辨識這樣的憤怒或怨懟，這些情緒可能都來自驕傲。

- 當其他人不如你想要或需要的那樣愛你時，感受並接受你經歷到的痛苦。學習面對遭到誤解、拒絕、忽視或排擠的痛苦。
- 在你花了這麼長的時間，為了迎合別人而偽裝自己後，找到方式來面對不夠了解自己所帶來的混亂。你或許會覺得迷失，因為你總是為了討好別人而「失去自己的形狀」。
- 如果你覺得真實的自己不被愛，就敞開心胸接受這樣的難過低落，也接受為了討好別人而「失去自己」的悲傷。接受自己在為了愛而拋下自我時感受到的悲傷，以及你需要別人肯定的悲哀，因為你真正想要和需要的，其實是愛。

> 愛只需要一件事：被愛者的好。所有其他的次要效果都會自己發生。
> 因此，愛的本身就是最好的回報。
>
> ——湯瑪斯．墨頓（Thomas Merton，美國天主教作家）

第二型的子類型

若能了解你的第二型子類型，可幫助你更精準地面對你的盲點、無意識傾向，以及隱藏的痛苦。每個子類型的模式和傾向，會因為所依賴的三種生存本能而有所不同。

自保型

和其他第二型的子類型相比，這個子類型比較稚氣、膽小、害羞。他們外表開朗、年輕、調皮，但對於受傷害也很敏感。他們對人際連結的感覺比較矛盾，注重建立融洽的關係，並且可能因為受傷或不願意給出承諾而退縮。他們對自由的渴望最為強烈，會輪流展現出高競爭力和無助感。他們有時會充滿動力、努力工作，有時則會懶散、崩潰、自憐、焦慮或高需求。

社交型

和其他兩個子類型相比，這個子類型展現出最多的領導者風範。他們關注權力和影響力，覺得自己必須「吸引」群體的注意。他們會投射出實力和信心，很有群眾魅力，通常也喜歡公開發表演說。他們很擅長透過策略性給予來得到回報。他們很有政治頭腦，也不容易有脆弱的一面。他們較常否認自己的需求，也不願意直接求助。這是三種子類型中控制欲最強的，也最常透過操弄的手段來得到自己想要的。

（一對一）性欲型

這個子類型最關注一對一的人際關係。他們會扮演理想伴侶的形象，並努力讓愛情充滿激情。他們自豪是有吸引力、魅力十足、令人興奮的伴侶，擅長調情，對於建立連結展現出開放的心態。為了引誘他人進入關係，他們會表現得慷慨深情。被拒絕時，他們的反應會最為激進。他們可能會把性吸引力當作武器，而重要的關係一旦結束，就會感受到強烈的痛苦。

第二型子類型的陰影

假如知道自己子類型特有的陰影，就能幫助我們更有效地面對挑戰。以下是每個子類型的陰影列舉。由於每個子類型的行為都可能讓人覺得相當自然而然，因此要看清並面對就會

相當困難。

自保型的陰影

假如你屬於這個子類型，你有時會選擇比較幼稚的態度，不想長大並用成熟的方式面對生活，而是亂發脾氣或生悶氣。躲藏或退縮是你最重要的防衛模式。當驕傲使你自抬身價時，你的反應是恐懼和「假裝渺小」。面對人生、人群或有影響力的工作時，你會用無助或絕望來逃避。你或許會覺得自己很獨立，卻沒意識到自己維持著依賴關係。你可能時常受困於怨懟、恐懼或焦慮，想藉此避免負責任或掌握權力。

社交型的陰影

假如你屬於這個子類型，通常會看不見自己的驕傲，也不會察覺驕傲驅使你追求權力和影響力。你應當觀察自己是否會透過展現出無助或慷慨，來得到控制或影響力。你或許會透過支持他人，達到操弄的效果。當其他人拒絕你的建議或幫助時，你可能會被激怒。你外表溫暖而寬宏大度，但在追求力量或控制時，卻可以殘酷無情。你會避免脆弱的感覺，但可能為了引誘別人，而偽裝出脆弱的模樣。為了滿足你的自我對權力和影響力的追求，你會壓抑疲憊和難受。

（一對一）性欲型的陰影

假如你屬於這個子類型，或許會為了吸引他人而表現出虛假的慷慨。要注意你是否會用甜言蜜語吸引其他人，但卻不一定會實現所有的諾言。你自豪自己是「特別的人」，或許是理想夥伴或愛人，而且可以將性當成征服的武器。你或許甚至會表現出吸血鬼般的特質，用魅力來操作關係，然後再要求伴侶給你你想要或需要的一切。假如引誘失敗或需求沒有得到滿足，你就會反應激烈。當你沒有伴侶，或是沒有得到外在的肯定時，你或許會表現出焦慮。對你來說，分手的感覺和死亡可能差不多，因為你的自我在與他人連結時已經失去。

> 總有一天，我能了解該如何照顧自己；接著，我會考慮去照顧別人。
>
> ——瑪麗蓮．曼森（Marilyn Manson，美國搖滾樂團主唱）

第二型的困境

第一型的困境主要源自於驕傲的激情和謙卑的美德之間的兩極性。謙卑是一種完全平靜的狀態，不多不少地保持自己的模樣和重要性。第二型需要學習覺察到自己對於正面形象和影響力的渴求。如果能注意到驕傲對他們的影響，就能夠了解並接受自己真正的樣子，不再為了讓人另眼相看，而塑造出膨脹過頭的形象。

假如你覺得自己屬於第二型，以下幾個步驟能幫助你更覺察自己的驕傲：

- 注意自己是否覺得必須當個超人。允許自己放鬆一點，做自己就好。放下你對認同的渴望，試著不要追求名聲，把事情默默做好即可。
- 注意自己是否因為驕傲而不經批判思考就採取行動。問問自己，你當下最真實、最脆弱的部分是什麼？表達你的脆弱，把失敗當成謙卑的機會。
- 對於你需要受到重視，才能認同自己的價值和得到愛的這個部分，懷抱同情心。允許自己去感受不能得到渴望的愛、不能成為值得被愛的人的痛苦。
- 想想看，是否能對追求重視的衝動做出反制，讓自己變得比實際上「更不重要」。注意在追求重視時，如果某些人事物讓你覺得不受重視，你的感覺會如何。學習接受自己真實的重要性。

- 看重自己過度付出、過度同理所帶來的痛苦，並覺察到說「不」或不再支持別人時的解脫感，專注在自己身上就好。
- 感受自己的需求，接受這都是正常的人類需求。看見驕傲如何使你不表達自己的需求。每天都練習求助幾次。

驕傲是靈魂的癌症，會吞噬所有愛與滿足的可能性，甚至連常識也無法倖存。

——C. S. 路易士（C. S. Lewis，英國作家）

運用第二型的箭頭獲得成長

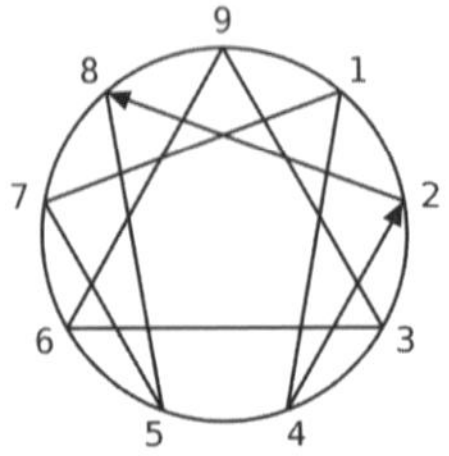

在九型人格圖中，與第二型以箭頭相連的類型是第四型與第八型。如果能發展出第四型對於需求和情緒的體察，再整合第八型建設性衝突的能力，第二型就能體驗急速的成長，並克服他們對於他人和人際關係的執著。這可幫助他們跳脫改變自己來迎合別人的習慣，並覺察自己的需求和感受。

- 首先，培養第四型表達需求、接受真實自己的能力。多關注發生在自己身上的事。不再過度聚焦於外在對其他人需求的關照，而注重自己的情緒、渴望和偏好。學習感受、接受並自在面對自己的所有情緒。讓自己在對其他人表達感受時更加自在、自信。了解自己真實的模樣，並透過真誠的自我表現讓其他人認識你。學習更真誠，無畏地表達真實的感受。
- 接著，整合第八型面對挑戰的能力。當你努力培養第四型的健康特質，能更真誠面對自己的內在領域和天生的敏感度後，就開始練習說出你的想法、提出你的需求，運用你的力量和權威。學習更直接、更有自信也更誠實，不要太過在乎其他人的認同，臉皮也可以再厚一點。接受自己的力量和真實的威信，表達你的真實意見，不要動不動就道歉。學習用健康的方式溝通你的憤怒，並參與有建設性的衝突，這些都能幫助你建立起更堅固的人際關係。

「驕傲不過是謊言，而唯有謙卑才是真實。

——聖文生．德．保祿（St. Vincent de Paul）」

●擁抱更高的層次

在蛻變之旅的第三階段，第二型會開始看見自己「不是」怎樣的人，因而停止為了滿足別人的期待而改變自己。當他們有意識地更加自我覺察，了解自己的盲點，面對自己的痛苦，就能體驗到不再依賴別人認同自己的自由。

第二型所面對的挑戰是，他們必須覺醒過來，學習透過自我了解來提升自我價值。一旦如此，他們就不再需要努力贏得別人的愛，或是藉由為他人付出來得到肯定。他們開始注意到自己的驕傲以及背後的動機，並了解到唯有放下控制欲，人生才會更美好。他們了解自己的價值，因而學會放鬆心情，變得平靜快樂。他們發現，了解、喜歡、接受自己真實的樣子後，就能學會謙卑，也不再需要精疲力竭地試圖討好其他人。

唯有努力培養接受愛與圓滿的能力，並且與他人和宇宙建立連結，才能達到這種覺醒的較高層次。在這樣的層次中，第二型了解到自我對高人一等或重要性的追求，其實毫無意義。這意味著他們會停止和他人比較，放下自己對重要性的追求，並且不再拚命爭取注意力。

假如你覺得自己屬於第二型，以下是進入較高層次後，你終於能做到的事：

- 幫助其他人而不求回報。時常體驗到出於真心而付出的喜悅，而不再提供不請自來的付出。
- 做真實的自己，不因此道歉，也不擔心其他人會不會認同你，即便是對你來說最重要的人也是。
- 自由、公開地表達自己的需求、感受和渴望。相信宇宙會好好照顧你。

- 不再為了自己可能對他人造成的負面影響或觀感而道歉或後悔。相信其他人可以好好照顧他們自己，並決定是否真的需要你的幫助。
- 更相信自己，不要再懷疑自己的價值。
- 感受自己過去的痛苦，更謙卑地面對自己的內心。
- 接受自己犯下的任何錯誤，不要太過在意其他人如何看待你。
- 接受自己真實的重要性，了解到無論你是否介入，該發生的事就是會發生。
- 喜愛真實的自己，並且自我肯定。接受你天生的好，了解你不需要努力證明或贏得任何東西。

「驕傲使我們虛偽，謙卑則讓我們真誠。
——湯瑪斯．墨頓（Thomas Merton，美國天主教作家）」

第二型的美德

第二型的美德是謙卑，與驕傲恰恰相反。在了解自己源生自驕傲和追求愛的習慣模式後，謙卑給了第二型明確的努力目標。他們會努力對抗驕傲的傾向，並試著體現謙卑的特質，因而得到覺醒，更接近真實的自我。

假如你覺得自己屬於第二型，謙卑意味著你不再需要當個超人，也能擁有價值。你不再需要自我膨脹或抬舉，更無須自我貶低。謙卑意味著清楚並實際了解你真實的樣子，看清你的偽裝，並且感到喜悅、平靜和滿足。謙卑意味著愛自己真實的樣子，也允許其他人這麼做。當你更了解和體會謙卑的價值，就能進入較高的層次，並且得到一些其他的正面特質：

- 不需要追求別人的重視。
- 了解自己，喜歡自己，接受自己真實的樣子和重要性。
- 慷慨且不留痕跡地為他人付出，不期待任何回報，不需要任何認同或名聲。
- 了解不是每個人都會喜歡你，並接受這個事實，甚至覺得這樣也不錯。
- 對自己和他人完全坦誠你的需求、感受和極限。

- 開口求助，並敞開心胸接受協助。敞開心胸接受愛，了解（並歡心接受）你無法控制別人對你的看法或感受。
- 建立界線，學會說「不」，照顧自己。
- 因為自己真正的價值而覺得自己很棒，無論其他人是否認同或肯定你。

> 唯有通過謙卑之門的人，才能登上靈魂的更高層次。
>
> ——魯道夫．史坦納（Rudolf Steiner，奧地利哲學家）

從殭屍的狀態覺醒

對第二型來說，擁抱真實自我的關鍵就在於慢慢學習喜歡自己。在蛻變之旅的初期，這可能很不容易，甚至難如登天，因為他們的自我告訴他們：你不夠好，必須做更多，不夠有吸引力，能力也不足，更不夠完美，所以不值得被愛。然而，當他們面對自己的人格模式和痛苦後，就能超越過去的限制，並達到更高程度的自我了解和自我尊重，同時也更全面地自我了解。

當第二型了解到，若想要依賴別人來決定自己的價值，不但沒有意義，也會阻礙真正的愛和感情，他們就能開始全心全意地愛自己。唯有愛自己，才能愛別人，也才能感受別人的愛。在殭屍的狀態中，第二型只會交換虛假的愛。當他們覺醒後，才有能力真正去愛自己和他人。了解到這一點後，他們就得到解放，能夠真正做自己、愛自己。這讓他們變得更慷慨、謙卑、溫暖、獨立、直接。

第二型的蛻變之路可能充滿挑戰，因為驕傲的本質很棘手，而且我們天生會抗拒受傷、痛苦、悲傷和羞恥。在某些情境中，驕傲自豪是好事；然而，驕傲可能會在無意識中驅使第二型極力想控制其他人對他們的觀感。這使他們想在現實生活中及自己心中都維持「正面」的形象，同時隱藏隨之而來的問題。當他們鼓起勇氣和同情，面對自己的陰影和困難的情緒，才能掙脫「好人」性格的限制，並且得到真正的自由。

即便在旅程開始前，第二型通常就深沉地渴望更多自由。這也有道理，畢竟他們的生存策略通常仰賴討好和支持其他人，迫使他們用自由來交換認同。然而，當他們開始放下自己對外在認同的追求，就能開始了解自己內在的好和被愛的價值，並且對真實的自己覺醒。

第三型

從自欺到真誠

有些騙子甚至連自己也騙。認為白色謊言無傷大雅的人，很快就會不分顏色。

——奧斯丁．歐莫利（Austin O'Malley，英國眼科醫生、文學教授）

很久很久以前，有個人叫做「三」。來到世界上時，她有著自然豐富的情緒，而她總是對自己自然、甜美的情感保持真誠。每個人都看得出來，她擁有一顆純淨真誠的的心。

然而，「三」很小的時候就發現，人們會因為她的作為稱讚她，而不是她的人格。當她成功完成功課，或是做了體操動作、打贏比賽時，身邊的人就會很興奮快樂；然而，當她表達真實的情緒、覺得難過、失望或受傷時，卻完全沒有人注意到她。當她表達自己內心時，似乎從沒有人在乎，這令她既寂寞又害怕。似乎只有她有所成就時，人們才會喜歡她；當她做自己時，其他人卻表現得彷彿她不存在。

「三」找到了讓自己不再孤單或害怕的方法。她發現，她可以察覺人們重視什麼，並且神奇地依此改變自己。她是個變形者，和不同的人相處時，她總是能成為他們最欣賞尊重的模樣。就像變色龍，她會根據相處對象和情境來改變自己的外表。這樣的能力幫助她得到注意力，讓她感覺不錯，也幫助她避免受到忽視而心情低落。

隨著「三」漸漸成長，她發現人們總是仰慕成功的人，也就是能夠達成目標的人。當她賺了很多錢、贏得比賽，或是變得比誰都漂亮時，人們就會注意到她。因此，「三」發現自己變形的能力能帶來許多回報。只要成功取得成就，就能吸引正面的關注，她完全願意無所不用其極地建立起其他人心目中的理想形象。

事實上，「三」實在太擅長成功，甚至沒辦法不努力，也不停改變自己的形象來讓自己更成功。而她很害怕，假如自己停下來，就再也得不到自己需要的讚美和關注。隨著時間過去，在各種不同的成功形象之下，「三」漸漸迷失自己真實的模樣；最終，甚至連自己真實的情緒也感受不到了。她只得不停努力前進，努力維持會受到重視的成功形象。然而，幸運的是，「三」可以說才華洋溢。

「三」的生存策略奏效，她再也沒時間思考自己是誰。偶爾，她也會希望自己可以更真誠一點，能夠真正和身邊的人建立連結，但這是不可能的。她必須繼續努力，才能讓身邊的人都仰慕她。她無法想像假如停下來，事情會變得如何。不幸的是，她的生存策略帶來太多回報，包含了金錢、名聲、讚美和關注，使她沒有辦法放棄。

某個早上，「三」沒辦法起床。她的壓力和憂鬱太過沉重，讓她在床上躺了兩個星期。

而她驚訝地意識到，她對自己努力維持形象感到精疲力竭。她終於醒悟了，自己的內心深處如此寂寞悲傷。然而，當「三」恢復後，又忘了自己的難過和孤單，只想著自己該努力的目標和該吸引的人。因此，她一方面很慶幸自己又能繼續努力，重新投入繁忙的生活，但另一方面卻感受不到太多其他情感。

「三」成了行屍走肉。雖然很有成就、有魅力、令人欽佩，但終究只是個殭屍而已。

●第三型的特質

假如你符合下列大部分或全部的特質，那麼你或許就屬於第三型：

□你很擅長「讀空氣」，能夠自動感受到周遭人的想法，知道他們重視什麼，所以能改變自己的形象來吸引他們。

□你喜歡設定目標，並無所不用其極地達成目標。當你決定自己想要的結果，就能輕易地設定達到成果的路線。

□你希望別人覺得你很有能力、有成就。你對於自己公開的形象很有信心，因為你會拚命努力來提升別人的印象。

□你不需要特別努力，就能看出自己需要怎麼做，才能在生命的不同情境中展現出正確的成功形象。

□你很輕鬆就能完成任務，並且享受自己的生產力和辦事能力。你很難放慢腳步或是停下來。

□雖然你或許沒有特別嘗試，卻能有效地配合當下的情境，表現出適當的模樣。

□你會不顧一切避免失敗。假如你覺得自己可能失敗，就甚至連嘗試一下都不願意。

□雖然你珍惜人際關係，但在面對該完成的任務時，你常會自然而然把人際關係放在比較後面。

□雖然你內心可能情感豐富，但會為了外在表現而加以隱藏。

假如在看完這份檢核表後，你發覺自己屬於第三型，那麼你的蛻變旅程將會分成三個階段：

首先，你會踏上尋找自我之路，學習辨識在需要被認同、欣賞或取得成功時，你會如何改變自己。

接著，你必須面對自己的陰影。你要了解到，在為了成功而扮演不同的形象和角色時，你迷失了真實的自己。唯有如此，你才能進一步探索自己為了成功而形成的自我模式。

最後的階段包含了覺察自己的感受，更了解真實的自己，讓自己能更真實地活著，也與他人建立真正的連結。

「最糟糕的欺騙是自我欺騙。

——柏拉圖（Plato，古希臘哲學家）」

●踏上蛻變旅程

身為第三型，你的蛻變之旅的第一階段，包含覺察你如何透過同理他人、觀察他們，來決定自己的行為表現。當你注意到自己如何為了贏得尊敬而快速改變自己，就能開始覺察自己投注了多少心血來完成任務、表現完美，卻忽視了內在的情緒和深層的渴望。當你（不帶批判地）覺察自己為了贏得認同而付出的努力，就能啟動自省能力，展開覺醒的過程。

第三型的關鍵模式

大部分第三型都不曾質疑自己為何如此努力追求目標和成功。他們對工作上癮，有工作狂的傾向，並且很難放慢腳步或停下來，因為他們無法放棄努力帶來的回報，包含財富、地位和名譽。對他們來說，要從殭屍狀態覺醒可能格外困難，因為他們的習慣模式會因為重視成功的現代文化而得到增強。因此，他們必須真誠地努力，才能看見自己如何受困於自身的成就。

假如你覺得自己屬於第三型，可以從覺察以下五個習慣模式開始，邁向你的蛻變之旅：

自我改變以贏得他人的讚賞

觀察自己如何自然且持續地改變自己，來應對不同的人和情境。注意自己是否不假思索，就能判讀自己的觀眾在乎什麼，並因此採用他們覺得最出色的理想形象。看看自己是否無意識地用巧妙的方式改變人格特質，來迎合其他人的理想，並且因而對自己的真實人格感到困惑。從這個角度來看，你可以開始問問自己，你到底是怎樣的人？

需要表現出成功的形象

注意你是否把成功當成做事的守則。看看你是否會依照你身邊的人對「成功」的定義來決定該做什麼，並判斷自己的表現如何。觀察你是否會依照自己在每件事情上的成就，來建立自我認同，並且重新定義自己。你對於成功的定義，通常是基於自己的社交或工作環境，你也會依照其他人的標準來決定自己的目標。你或許時常努力完成任務、達到目標，無論是在專業、社會地位、教育等方面都是如此。你很可能維持急促的步調，想快速有效率地產出結果。

把工作放在感受之前

注意你如何集中精神在任務的完成上。對你來說，放慢步調或停下來都很困難，你大概也很少給自己什麼都不做的時間或空間。當你自我觀察時，或許會發覺自己甚至連思考放慢腳步、感受當下都很困難。假如你試著短暫停下所有的活動，就會感到害怕。你或許很難覺察自己的情緒，時常會否定或逃避。你傾向用自己的成就來定義自己，只要想到成就減少，就會感到焦慮不安。

關閉對情緒的覺察

你的情緒其實不曾遠離，但你無意識地害怕它們會降低你的生產力。你或許很難相信自己真實的樣子（及感受）也值得被愛，因為你認為人們愛你是基於你的成就。因此，雖然你可能是個內在情感豐富的人，卻會無意識地否認或壓抑自己的情緒。當身處於不鼓勵表現情感的環境時，你會特別容易逃避自己的情緒。當你與自己的情緒脫離時，你也與真實的自己斷了連結。

逃避失敗

你或許不知道該如何描述失敗，因為你不曾覺察到自己經歷過失敗。假如你曾經失敗過，大概只會認為那是成功之路上的重要學習契機。你或許會竭盡所能來避免失敗，因為你害怕失敗將定義你。你對於成就的追求和渴望也加深了對失敗的恐懼，而你對失敗的逃避使你很難停下腳步，感受平靜或真實的自己。這可能會使你難以培養人際關係。

覺醒不在於改變自己，而是放棄不屬於自己的部分。

——狄巴克．喬布拉（Deepak Chopra，印度心靈導師）

第三型的激情

自我欺騙是驅動第三型的激情。作為第三型的核心情緒動力，自我欺騙會表現在無意識地改變形象，成為其他人認同或欣賞的樣貌。這類型的人會創造並維持理想的形象或人格，接著依此產生自我認同。有時候，這樣的自欺會被誤以為是欺騙，但第三型通常無意欺騙他人，只是在沒有意識到真實自我的情況下，表現出不是真實自我的形象而已。他們會自動表現出自認別人可以接受或喜愛的模樣，而這可能意味著他們連對自己都隱瞞了真相。即便還是孩童時，他們就能感受到家庭的期待，並且無意識地努力達成這樣的期待。這是他們的生存策略。

終其一生，這樣的自我欺騙會驅使第三型努力追求認同和尊敬。最終，他們會相信自己認為應該要有的樣子，就是自己真正的模樣。這通常是無意識中自動發生的。他們改變自己的能力意味著可以不需要思索，就配合情境變化形象。他們對自己的欺騙，在於讓自己相信唯有成就能定義自己，或是佯裝出來的好形象就是真實的自己。當他們接受了這樣的欺騙，而無法覺察到真實的自我其實超越自己創造的形象，自欺的過程就完成了。最終，他們在不斷改變形象的努力中失去真實的自己。

假如你認為自己屬於第三型，就必須覺察到自我欺騙的表現，才能在覺醒之路上有所前進。對你來說，重要的是要意識到，自我欺騙會使以下傾向更加惡化：

- 即便得做自己不想要（或不喜歡）的事，也要追求極度的成功。
- 因為不符合試圖創造的形象，而隱藏自己的某些層面，例如感受、想法和意見。
- 為了迎合不同社會環境中人們所重視的事物和理想，而改變自己的模樣。
- 觀察到社會對理想的共識後，會以此為依據來塑造自己的形象。這可能導致你誤以為自己屬於其他人格類型。
- 投注心力在工作和追求成就，而不是做自己。
- 表現出很高的自信心，認為自己可以達成任何目標和成就。
- 根據自己的行銷知識和能力，技巧性地推銷任何形象或產品。

- 無論多麼困難或疲憊，都認為自己可以做任何工作、符合任何形象來贏得其他人的欽佩。
- 不注意自己的情緒，害怕情緒會阻礙你塑造形象或追求成就。

「沒有什麼比自我欺騙更容易。因為一個人若有所希望，就會相信那是真的。

——狄摩西尼（Demosthenes，古希臘雄辯家）」

運用第三型的側翼獲得成長

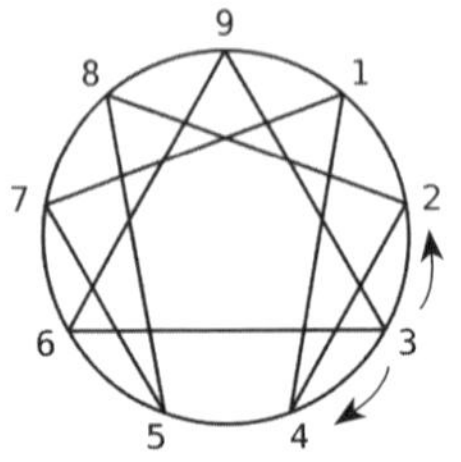

在九型人格圖中，與第三型相鄰的兩種類型是第二型和第四型。第三型如果能透過第二型的特質，就能超脫平時對於任務和目標的專注，與人建立起更深層的連結；接著，再練習整合第四型的健康特質，就能更加覺察自己的情緒。

• 首先，利用第二型的能力與他人建立關係。透過更加關注生命中重要的人，與對方更深入相處，來制衡以工作為優先的習慣。工作時，不要太過注重生產力和效率，而是多傾聽、多與其他人合作。在家庭或工作中都鼓勵更密切的團隊合作，追求共同的目標和成果。試著更覺察自己的情緒，也試著更同理其他人的感覺。把其他人的目標放在你自己的目標之上，當他們分享感受時，也不要不耐煩。更加重視情緒與人際關係。

• 接著，整合第四型的特質，有意識地與自身的情緒建立更深的連結。給自己一點時間和空間，體察自己的感受。學習重視自己所有的感受，當然也包含痛苦。提醒自己，你的情緒是真實的，並相信自己的情緒能告訴你，你到底是誰，對你重要的又是什麼。接觸情緒後，也透過創意活動更加表達自己，或是向其他人敞開心胸。每天都練習放慢工作步調，經常體察自己的感受和渴望。在贏得別人的景仰和了解自己真正在乎什麼之間取得平衡。就算很困難也要說實話，活得更真誠、有意義、有目標。

> 欺騙或許能帶給我們當下想要的，但最終還是會失去。
>
> ——瑞秋．何索恩（Rachel Hawthorne，美國作家）

●面對陰影

第三型蛻變旅程的第二階段，主要是覺察並了解自己為何關注於創造虛假的形象，卻不留下足夠的空間給自己的情緒和真實自我的其他面向。這能幫助他們更發覺真實的自己，並依循自己真實的感受和人生目的，更真實地活著。

勤奮不懈地追逐名聲和認同，可能會讓第三型缺乏自覺，變得膚淺、不真誠，且對於真實的自己感到困惑，即便他們的目標是效率、讚賞和財富。他們會用成就來定義自己的價值，所以陷入了困境，否定自己的深度。他們與自己的感受和真實的自己失去連結，只能依照膚淺的表象來行動或反應。當他們無意識地欺騙自己，表現虛假的形象，就很可能成為一個空殼，不但無法表達真實的感受，也無法建立真正的人際連結。

第三型的陰影

假如你屬於第三型，以下方式可以幫助你覺察，並開始面對自己的無意識模式、盲點和痛點：

- 放慢做事的步調。觀察一下，放慢或停止後，你內心的感覺如何？
- 參與一些沒有目標或任務的放鬆活動，給自己一些休息的時間，注意是否會帶來任何恐懼或焦慮。
- 擁抱你的情緒。了解自己的情緒究竟多麼豐富，重新調整自己的觀點，更正向地看待自己的情緒。
- 發覺自己對自己的欺騙，並檢視這些假象背後可能的理由。
- 傷害自己的形象。即便可能不符合（甚至破壞）你的形象，也刻意選擇去做一些自己喜歡的事，說一些自己喜歡的話。看看是否有人依然喜歡你。
- 參與一些可能會失敗的活動。注意你內在的變化，並且重新將失敗塑造為正向的學習經驗。
- 更親近那些欣賞「真正的你」的人。遠離那些支持虛假的你，或是鼓勵你維持假象的人。
- 多和親近的人分享你真正的想法和感覺。
- 找到可以反映出真實自己的鏡子。問問三個夠了解你的人，他們最喜歡你的部分是什麼。他們說的是真實的你，還是你的表象？

只要站著，就一定會投下陰影。

——愛德華．福斯特（Edward M. Forster，英國作家）

第三型的盲點

第三型或許會不願意檢視自己的盲點，因為他們覺得一切都運作得很順利。特別是在西方社會，他們會因為自己最擅長的事，也就是漂亮地做出成果，而得到許多回報。然而，他們對自己的了解卻不夠深入，這會導致他們無法真正擁有滿足的人生。他們可能會覺得內觀讓人恐懼。他們的生存策略驅使他們不斷工作，專注地展現自己的能力。他們或許對自己的能力感到自信，也覺得不值得花時間檢視那些為了完成任務而隱藏的事物。然而，當他們拒絕內觀，成長也就受到阻礙。

幸運的是，假如你認為自己屬於第三型，並且有勇氣探索真正的自己，你將能體驗到更深入也更豐富的成功。假如你能承受檢視面具下的自己可能經歷的混亂迷失，就能逐漸感到充實、自由和解放，並學會更真實地活著。

以下是一些阻礙了第三型成長的盲點，以及該如何更加覺察到它們的建議：

做得太多

你是否把心力全部投注在工作上，而沒有察覺到如此密切專注所帶來的負面影響？你是否總是找理由讓自己保持忙碌？以下方法能幫助你整合盲點：

- 客觀評估你的生理和心理健康。在過去幾年中，你是否曾經生病或受傷？你是否有好好照顧自己？讓自己注意到努力工作所伴隨的真實風險。
- 評估你目前工作與生活的平衡，接著尋求一些建議或回饋。誠實面對任何失衡可能代表的意義，以及可能的結果。
- 了解工作成癮可能和任何物質成癮同樣有破壞力。工作狂可能是某種未解決創傷的徵象。找一些方法來減輕你的工作負擔。
- 和治療師或親近的朋友一起努力，探索你的內在領域，並且「祕密且慎重」地討論自己沒那麼好的一面。
- 思考你的人生中可能因為努力工作而失去了什麼。你是否因為工作負擔，而出現了人際方面的問題？你是否錯失了和小孩、伴侶或朋友相處的珍貴時間？

- 試著放慢你的步調，休息一下，或是坐下來什麼都不做。冥想，呼吸。

逃避情緒

你是否因為無法放慢步調，而逃避了有更多空間時可能會浮現的情緒？你是否阻止自己感受情緒，不願意給自己空間？你是否壓抑或遠離自己的情緒，而不願意了解或擁抱它？以下方法能幫助你整合盲點：

- 更加覺察自己的限制性信念：「你的所作所為定義了你」。
- 了解到當你開始感受情緒時，可能會感到多麼困惑或恐懼。努力理解情緒的同時，也多給自己一些同情心，並且尋求支持。
- 更加覺察自己是否懷抱了某些信念，使自己貶低了情緒，例如情緒沒有生產力，甚至會造成阻礙。練習更覺察自己的情緒，記錄下自己每天的感覺，享受一些能激起情緒的音樂或電影。
- 當其他人和你分享感受時，花一些時間來傾聽。注意你是否感到不耐煩或不自在。

• 當其他人分享情緒，或是自己感受到情緒時，都練習活在當下，敞開心胸。把探索情緒重新塑造成極度正向的成長步驟。

否定失敗的價值

你是否太過重視自己的成就，用成就來定義自己的價值，卻不顧這些成就是否對你有任何內在的重要性？你是否拒絕看見成就多麼表象或空虛？你是否不斷努力追求成功，並竭盡所能避免失敗？你是否曾經因為不相信會成功，而逃避一些可能帶來正向經歷的事物？以下方法能幫助你整合盲點：

• 深入探討你對成功的定義，是基於其他人的想法，或是該事件對你的意義？
• 注意你在成功後，是否會暫停一下來慶祝，然後才繼續進行下一件必須成功的事？
• 下一次，當你「獲勝」的時候，放慢步調來感受一下。假如你立刻就想要朝另一個目標飛奔，問問自己為什麼，反思自己對這些努力的感受。
• 問問自己，你最近的成功對你有什麼意義？那些是你真的想做的事嗎？
• 注意並列出你為了避免經歷失敗所做的事。為什麼你如此努力避免失敗？

・想想看，失敗有沒有可能其實是好事？寫下所有失敗可能的正面影響。

> 說到底，人們的臉也不過就是面具而已。
>
> ——阿嘉莎．克麗絲汀（Agatha Christie，英國小說家）

第三型的痛苦

第三型通常都很正向、自信，並且習慣抗拒痛苦，或是抗拒任何情緒。他們有時會給人「不情緒化」的刻板印象，但這不是真的。事實上，他們的內心情感很豐富。然而，當他們運用「做事而不感受」的生存策略時，就養成了不感受或探索情緒的習慣。

如果想在蛻變之路上有所進展，第三型就必須放慢腳步，並面對自己過去與現在的情緒和痛苦。當他們留給自己的情緒足夠的空間，通常就能更輕鬆地感受情緒。一旦覺察到自己如何無意識地逃避情緒，他們就能阻止這種衝動，並開始接受情緒。當他們開始感受痛苦，就會發現覺察情緒一開始或許很艱難，卻能讓他們更完整地了解真實的自己。

假如你認為自己屬於第三型，一開始要接觸包含痛苦在內的所有情緒或許不容易。你或許會害怕，情緒會防礙你工作、達到目標或維護好形象。然而，唯有完全感受情緒，才能引領你走向自由。你必須學習忍受特別痛苦的感受，才能脫離殭屍狀態，並更完整地自我實現：

- 時常改變自己，並且認為塑造出的外在形象就是真實的自己，使你感到困惑混亂。這可能會使你無法辨別真正的自己。當你首次接觸自己的感受，可能會覺得迷失，彷彿不知道自己是誰。你或許會對情緒的感受感到困惑，並且想要繼續逃避。
- 你害怕所有未知、陌生的感受。你或許會害怕放下虛假的自我形象，以及隨之而來一切都在掌握中的感覺。你或許會害怕，假如表達了情緒，就會傷害你在其他人心中的形象。
- 你擔心在其他人面前表達情緒會使你尷尬羞赧。你或許會失去謹慎塑造並呈現的形象所帶給你的安全感。
- 你的努力會使你疲憊。你覺察的所有新感受可能會讓你發現，你是多麼努力，又做了多少事情。
- 當其他人敦促你感受更多時，你可能會感到不耐煩。事實上，這樣的感覺可能是源自你虛假的形象，而非真實的自我。

・因為害怕別人喜歡你的虛假形象，而非你本人，所以感到難過。你或許會感到悲傷，過了這麼多時間卻不知道自己的形象是虛假的。你或許會很難過，別人並不知道真正的你，而你也不知道。

> 在大眾皆欺騙的時代，說實話就成了革命的行動。
>
> ——喬治．歐威爾（George Orwell，英國作家）

第三型的子類型

若能了解你的第三型子類型，可幫助你更精準地面對你的盲點、無意識傾向，以及隱藏的痛苦。每個子類型的模式和傾向，會因為所依賴的三種生存本能而有所不同。

自保型

這個子類型希望自己是個好人，而不只是看起來像而已。他們專注於扮演社會共識中的角色楷模。他們可以說是所有二十七種人格類型中，最極致的工作狂。他們的生存策略，以及自我保護的直覺，會使他們產生物質的焦慮，因此拚命工作。他們希望呈現出好形象，但他們也希望當個好人，不要顯得過度自誇或炫耀自己的成就。和第三型的社交子類型相比，他們較為謙虛，競爭心也沒那麼強烈。

社交型

和另外兩個子類型相比，這個子類型喜歡站在舞台中央，享受別人的肯定和掌聲。他們最擅長建立完美無瑕的形象，無論想推銷什麼都能順利包裝行銷（也包含他們自己）。他們想躋身領導階層，並相當擅長攀登企業的階梯。這是最具侵略性和競爭性的子類型。他們想要獲勝，也知道如何透過有效的表演來影響其他人。

（一對一）性欲型

這個子類型主要專注於一對一的關係，並且想表現出傳統標準中的吸引力。他們或許會用高度浪漫化、童話故事般的方式吸引伴侶。他們知道如何展現魅力，但專注在外在表現，並且可能和內在的真實自我疏離。和其他子類型相比，他們更加情緒化，內心通常有股深層的悲傷。他們付出大量心力支持其他人，幫助對方成功。和其他子類型相比，他們更為害羞，競爭心也沒那麼強，因為他們認為，支持別人成功就是自己的成功。

第三型子類型的陰影

假如知道自己子類型特有的陰影，就能幫助我們更有效地面對挑戰。以下是每個子類型的陰影列舉。由於每個子類型的行為都可能讓人覺得相當自然而然，因此要看清並面對就會相當困難。

自保型的陰影

假如你屬於這個子類型，或許會很難（或沒辦法）放慢步調。你的生存焦慮和好好表現的焦慮，代表你的自我在告訴你，你不能停下工作。你很可能自主性和獨立性極強，覺得很難依賴他人，或建立人際連結。你不只努力不懈維持好形象，也想把事情都做對。然而，和第一型不同，你是向外尋求「對」的標準。你或許很難覺察自己較深層的情緒，或是表現出脆弱的一面。你可能會過度謙虛，並且陷入想要好形象、想當個好人、想做好事的惡性循環。然而，你卻沒辦法好好放鬆，享受這些成功。

社交型的陰影

假如你屬於這個子類型，那你很可能擅長維持非常良好的形象，但卻對這樣的完美形象產生依附。如果人們看穿你的形象，你可能就會感到脆弱暴露。你或許甚至不允許自己完全意識到真實的自己。你強烈的競爭心和好勝心可能使你表現得無情，無所不用其極地想要登上頂點。你可能會以說謊、作弊或偷竊來取勝，卻又用正面的形象來隱藏這些行為。你可能難以面對失敗，會盡全力避免失敗，特別是當你感到不安時。你需要群眾的掌聲才能感受到自己的價值，也可能避免建立任何真正的內在安全感，所以只能躲在表象的成功之後。

（一對一）性欲型的陰影

假如你屬於這個子類型，你會對他人付出大量的關注。你需要維持吸引人的外表，意味著你時常迷失內在真實的自我。你很可能因為與自我的疏離而感到深層的悲傷，也可能自尊心低落。然而，雖然悲傷能幫助你與真實自我連結，但你或許很難覺察這樣的悲傷。你支持其他人，在幫助他人追求成就的過程中得到成功，並以此來逃避被看見。

> 帶給世界秩序的是愛，讓愛接手吧！
>
> ——克里希那穆提（Krishnamurti，印度作家、演說家）

第三型的困境

第三型的困境主要源自於自我欺騙的激情和真誠的美德之間的兩極性。如果能覺察自己對於無論如何都維持正面形象、贏得他人肯定的需求，第三型就能開始看見自己的自我欺騙。假如你覺得自己屬於第三型，就必須檢視自己的所有自欺方式，辨識虛假自我（你的理想形象）和真實自我的差異；如此一來，你才能不再用自己的行動來定義自己，而是了解內在真實的自己。當你注意到自己的自欺，你就能開始了解並表達自己真正的需求和感受，先對自己表達，然後再傳達給他人。

在這個情境中，真誠意味著覺察到更深層的真實，也就是你內在與生俱來的真實，以及內心對於表裡不一的不情願。注意到這樣的困境，並看清自己如何欺騙自己相信虛假的形象，這會是第三型成長的主要目標。

假如你覺得自己屬於這個類型，以下步驟將幫助你更覺察到自我欺騙，並且達到更高層次的真誠：

- 注意到你的形象和真實想法、感受的差距。
- 注意到自己在生活不同領域中採取的不同人格形象。你工作時和在家中是不同的人嗎？你在週間和週末不同嗎？你在不同的朋友群中不同嗎？若是如此，原因是什麼？
- 檢視你生活的快速步調。問問自己：你總是做這麼多，不願停下腳步，是否是為了逃避自己的情緒？
- 意識到你沒有為自己的感受留下足夠的空間。思考一下，你此時此刻的感受其實才最能反映你真實的自我。允許自己去一點一滴感受情緒，這能幫助你更了解自己。
- 注意到是什麼阻止你放慢步調。面對自身感受、懷疑自己到底是誰時，你是否感受到任何恐懼或焦慮？

• 注意你如何在小地方欺騙自己和其他人，塑造虛假的形象。質疑並探索這些欺騙。

不自我欺騙是一種正直，而不是安慰。

——歐林．伍沃德（Orrin Woodward，美國企業家）

運用第三型的箭頭獲得成長

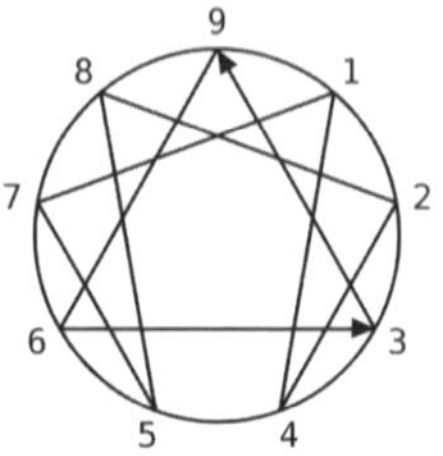

在九型人格圖中，與第三型以箭頭相連的類型是第六型和第九型。第三型可以透過實踐第六型放慢步調的傾向，觀察情勢並評估威脅，進而大幅改變，不再執著於任務、目標和追求認同。接著，可以整合第九型的洞見，學習與其他人建立更多連結。這些洞見同時也能幫助第三型培養放鬆的能力，並且深化人際的連結。

• 首先，發展出第六型的能力，當你思考進行某項任務或目標時，也探索可能出現的問題。在開始執行計畫前，停下來思考可能出錯的地方，並考慮可能的威脅和風險。在著手下一件事之前，先問問自己整體的情況如何。覺察自己在過程中可能浮現的任何恐懼和焦慮，給自己一些時間來探索，如此可以幫助你更深入地思考工作與人際關係之間的平衡。以健康的態度自我懷疑，如此可以幫助你更覺察真實的自我和感受。

- 接著，整合第九型的優勢，放慢步調，更加專注於感受和謙卑。放寬你的視野，不再只執著用最短的時間和最簡單的方法來得到結果，而是思考什麼才是對其他人有益的。追求目標時，更認真傾聽其他人，並思考他們的觀點。建立起依循其他人規劃的能力，而不再只是一意孤行，固執己見。更專注於人際的連結與和諧，也多關照自己，而不是只看見工作。過更平衡的生活，進行更多可以幫助你放鬆的活動。

> 或許最大的自我欺騙，就是告訴自己，我們靠自己就夠了。
>
> ——約瑟夫．史托威爾（Joseph Stowell，神學家）

擁抱更高的層次

在蛻變之旅的第三階段，第三型將更能接受潛藏在自己所扮演的角色下，更真實的自己。他們不再花費大量心力來創造特定的形象，並且與真實的情緒和自我建立起更深的連結。當他們有意識地練習自我覺察，整合自己的盲點並感受痛苦後，就能學會從更深的層次了解自己、欣賞自己，而這會是以前的他們難以想像的。

當第三型努力時，他們就能超脫自我對於正面回饋和讚美的需求，並且更深入了解內在的真實。當他們明白自己不需要戴上面具，也值得被愛和被尊重後，就能開始以真實的自己活著，不再覺得自己必須是世界的中心。他們會發現，自己不需要扮演任何虛假的模樣，也能擁有價值，並達到正向的結果。

第三型覺醒的較高層次，在於愛與整合，以及人際與宇宙間的連結。在這樣的狀態中，努力贏得別人的接納或成為世界的中心都毫無意義。他們也不再相信，必須要取得特定的頭銜、成就或形象，才能受到珍惜和重視。

假如你認為自己屬於這種人格類型，以下幾件事能幫助你在蛻變之路上持續前進：

- 了解你的人格形象不等於你，如此一來，你才能與真實的自己建立連結。讓你的「內在觀察家」清楚看見，扮演理想形象的你不是「真正的你」。你可以分辨虛假自我和真實自我的差異。
- 與自己的心保持連結，接受自己美麗而豐富的情緒，不需要為此感到慚愧或道歉。注意這會對其他人帶來什麼正面的影響，並注意當你讓自己情緒狀態自然流露時的感覺有多美好。
- 享受活在當下，體驗活在真實本質中的美好。
- 重視你的自我價值，而不是你對讚美和認同的渴求。
- 了解自己真正想要和喜歡的是什麼。體會到根據自己自然的渴望來做決定，而不是其他人的價值觀，感覺真的很美好。
- 和生命中及工作上的其他人緊密合作。深入傾聽他們的想法和感受，並因此改變你的做事方式。
- 更真誠，讓其他人有機會了解你，並因此建立更堅固的人際關係。允許自己依賴其他人的幫助。
- 了解自己真正需要做多少事、扮演多重要的角色，才能讓事情順利進行。允許自己的行動有所限制，只做自己非做不可的事就好。

- 真誠展現自己的感受和需求來得到其他人的肯定。

> 愛能取下我們的面具，而我們明知道無法活在面具下，卻又害怕少了面具就活不下去。
>
> ——詹姆斯．鮑德溫（James Baldwin，美國作家）

第三型的美德

真誠的美德為第三型自欺的激情提供了解方。對第三型來說，真誠包含了更覺察到自己人格結構中潛藏的欺騙。這意味著辨識出虛假的自己，並且學著不因為其他人的期待而改變自己，創造出虛假的形象。

真誠需要的是高度的透澈，並且清楚地覺察和經歷內在的自己。這意味著傾聽自己的內心，發覺內心真實和虛假的差異。這會讓你對真實的自己產生好感，並且擁抱活出真我的圓滿和快樂。真誠代表對每個遇到的人都表達真實的自我，對於真實自我的流動感到更自在放鬆。

假如你覺得自己屬於這一類型，真誠將幫助你看見活出真我的終極價值。事實上，真誠不只是打從內心接受真實的自己，更是打從內心不願扮演虛假的模樣。當你有意識地覺察過去自我欺騙的生存策略，就能學習分辨真實和虛假，並且不再改變自己。你會發現真實的自己，並且不再能容忍自己或他人的虛假。

身為第三型，你將在真誠的狀態下體驗到：

- 了解自己真實本質的純粹生命。
- 接受不喜歡或不重視你的人，因為你不需要討好他們、贏得他們的認同。
- 發現自己的內心透過情緒來感動和影響他人的力量。
- 你的表達、互動和行動都反映了內心最真實深層的感受、價值和渴望。
- 質疑並探索你對自己的欺騙，在陷入傳統現實的幻象時，能夠原諒自己。
- 活在當下，真實面對自己的內在，而不只是看著外在發生的事。
- 持續與自己的內心深處連結，而不只關注外在現實的表象和需求。這能幫助你與其他人更深入、更真實地連結。

「如果你欺騙自己，就無法了解真實的自己。

——達摩祖師（Bodidharma）」

從殭屍的狀態覺醒

對於第三型來說，擁抱真實自我的關鍵在於逐漸學習去了解和喜愛真正的自己，而不是虛假的自我形象。他們會越來越清楚自己是誰，不再需要扮演特定的角色或形象。當他們覺察到自我欺騙的習慣，也發現自己改變形象的過程，就能領悟到虛假的自己無法得到愛與連結，唯有真實的自己才能。

當第三型達到這個蛻變的階段時，他們就不再只關注外在，而能將注意力轉向內在。他們培養出新的能力，可以認識真實的自己，了解自己真正的需求。他們覺察到自己如何改變自己來迎合他人，追求愛與認同；而他們也學習到，唯有不再想證明自己的實力和生產力，才能真正得到愛。他們放下了對於高成就的追逐，學會放鬆，對於內在真實自我產生更多的自信心。

這段旅程可能充滿挑戰，因為第三型的生存策略在許多文化中都得到鼓勵和增強。假如你的人格特質能幫助你得到社會認可的成功或名聲，那麼你或許很難意識到自己需要改變。更甚者，因為自我防衛機制，第三型可能很難區分真實的自我和人格模式間的差異，也很難分辨真實和虛偽。然而，他們必須努力突破，才能從行屍走肉的狀態中覺醒。他們必須了解，真實的自己遠遠超越了自己的人格形象；否則，他們將無法更清醒地活著，實現自己的所有潛能。

當第三型踏上蛻變成長之旅，並且覺察自己不只由外表或成就來定義後，就能用真實的自我帶給世界超乎想像的豐盛。他們將了解到，真正的成功是認識自己的能力，以及活出與內心真實連結的生命。這麼做時，他們不只能真的愛自己，也敞開真實的自我來接受其他人的愛。

就讓我們用瑪潔莉・威廉斯（Margery Williams）經典的《絨毛兔》（*Velveteen Rabbit*）故事來為這一章做個總結。這個故事完美訴說了對第三型而言，愛自己和接受他人的愛是什麼意思。而這唯有透過真實的自我了解才能達成。

「什麼是真實？」兔子某天這麼問。他們並肩躺在嬰兒房的圍欄旁，等著保姆來整理房間。「意思是你裡面有個東西在滋滋作響，還有你身上帶了根把手嗎？」

「真實指的不是你怎麼做成的。」皮馬說，「真實是發生在你身上的事。當一個孩子愛你很久很久，不只和你玩，更真正地愛你，那你就會變成『真的』。」

「那樣會痛嗎？」兔子問。

「有時候會。」皮馬回答，因為他總是實話實說。「當你變成真的，就不會在乎受傷了。」

「那是一瞬間發生的嗎？就像是上了發條一樣？」他問，「還是一點一滴發生的？」

「那不會一瞬間就發生。」皮馬說，「你會慢慢變成真的，那需要很長的時間。這是為什麼對於脆弱的人、尖銳的人，或是必須小心呵護的人來說，那都不會發生。一般來說，當你變成真的，你的毛髮會因為愛而磨損，你的眼睛脫落，你的關節鬆弛，外表變得破舊。然而，這些都不再重要，因為對於了解你的人來說，真實的你絕不可能是醜的。」

幾個星期過去，小兔子變得又老又舊，但男孩還是一樣愛他。男孩愛得很用力，把他的鬍子都愛掉了，而他耳朵粉紅色的線頭變成灰色，身上棕色的斑點也褪色了。他甚至開始變形，看起來幾乎不像隻兔子。但在男孩的眼中不是如此。對男孩來說，他總是美麗；而對他來說，這樣就足夠了。兔子不在乎其他人怎麼看他，因為嬰兒房的魔法已經讓他變成真的。而當你是真的，破舊的外表就不再重要。

第四型

從忌妒到泰然

忌妒是數算別人的恩典，而非自己的。

——哈洛德．克芬（Harold Coffin，美國生物學家）

喜悅和泰然的祕密是感恩，而非理解。

——安．拉莫特（Anne Lamott，美國作家）

很久很久以前，有個人名叫「四」。年幼時，「四」覺得自己和世界、自然與身邊的人，都有著完全的連結。和所有的孩子一樣，她感受到父母的疼愛。但發生了某些事，改變了一切：一個嬰兒出生，而「四」完美的世界就像毀滅了。她再也不是父母關注的中心，也不再是世界上最特別的孩子。當她想要找個玩伴或擁抱時，每個人都忙著照顧嬰兒。她覺得自己不再重要，變得孤單又平凡。

「四」對這個糟糕新處境的解讀是：她一定做錯了什麼，才會失去和父母之間的連結。畢竟，他們似乎不再像以前那樣在乎她。這一定是她的錯。他們一定是覺得她有什麼問題。

新的嬰兒一定在某方面勝過她。不然該怎麼解釋呢？

這樣的想法讓「四」痛苦又沮喪，但她漸漸習慣了低落和難過的感覺。而她心想，假如失去曾經的連結是她的錯，或許代表她可以做些什麼來修正錯誤。或許她可以設法與其他人和世界建立連結，只要讓他們看出她有多麼特別就好；或是讓他們發現，她因為自己不再特別而多麼痛苦。同時，她的悲傷成了孤單時最熟悉的朋友。

隨著時間過去，「四」試著用不同方式重建失去的連結。她試著讓人們覺得她很特別，畫出美麗的圖畫、說出真心的話語，或是唱出悲傷的歌曲來傳達深沉的情緒，藉此展現自己的獨一無二。然而，似乎沒有人注意到她的與眾不同。人們只覺得她太「敏感」、太「戲劇化」。她試著和其他人分享痛苦和失落的所有細節，希望他們能做點什麼讓她好過些。她試著表現出自己是如何堅強地撐過痛苦，毫無怨言。她試著發脾氣，與其他人競爭，想證明自己高人一等。然而，沒有任何人能帶來她渴望的理解和深刻的連結。

「四」的所有努力都無法讓她覺得被理解或被重視，但她漸漸習慣了這樣的感受、思考和行動模式。她無法壓抑對愛、理解和深層連結的渴望，但同時也不由地相信自己並不值得這些感情。對於再次連結的渴望驅使她執著於對逝去的愛所感受到的情緒。她無法不看見自己的缺陷，也無法不看見其他人擁有、自己卻沒有的事物。她渴望有某個人或某件事情能帶給她價值。

雖然「四」沒有意識到，但她面對失落感的策略逐漸主宰了她的生命。許多人都不理解，為什麼她會想透過表現出不值得愛與理解，來贏得愛與理解。然而，她的策略偶爾能生效，讓她引起一些關注，即便可能是負面的關注。而這更增強了她的習慣。

有時候，有人會看見「四」的特別，並且試著給她渴望的愛。然而，她卻已經完全相信自己不值得被愛，所以才會一開始就失去愛。而她無法接受被給予的愛。她無法停止創造出新的情境，證實自己的不足。她無法不把其他人推開，只為了確保他們不可能再拋棄她。因為她知道他們一定會離開，她注定將會失望。試著懷抱其他可能性都只會換來痛苦而已。寧願讓自己永遠難過，也要保護自己不再奢望好事發生，反正她也不會讓好事發生啊。

「四」成了行屍走肉。雖然真誠且感情豐富，但終究只是個殭屍而已。

第四型的特質

假如以下大部分或全部的人格特質都符合你的狀況，那麼你或許就是第四型：

□你關注自己內在的情緒運作。你體驗相當廣泛的情緒，也對於強烈的情緒感到很自在。
□你可以輕易看出某個情境（或你自身）缺少了什麼。
□你時常拿自己和其他人比較，有時候是正向的，有時則否。
□你覺得自己格格不入，好的和壞的方面都是。
□你對於悲傷的感受很熟悉。
□你可以輕鬆感受到人際互動中較深層的變化，也就是潛藏在表面之下，未被表達的情緒波動。
□你很重視自己和其他人的真誠。當你覺得必須實話實說，有時候人們會感激，有時則否。
□你可以輕易感受到自己人際連結的強弱，你對於人際的距離很敏感。
□你強烈渴望受到理解，卻常常覺得被誤解。

假如在看完這份檢核表後，你發覺自己屬於第四型，那麼你的蛻變旅程將會分成三個階段：

首先，你要更深入地了解自己，找出使你自我設限的人格模式：你會執著在缺少或不完美的部分，並且覺得自己有所不足、格格不入。

接著，你要面對自己的陰影，了解到執著於內在的欠缺只會帶來更多誤解和疏離；而覺得自己不足的同時，意味著你放棄了自己的力量和天賦。勇敢地檢視這些自我的模式，你才能開始了解它們如何阻礙了你的成長。

旅程的最後階段，則包含了放下虛假的自己，擁抱真實（或更高層）的自己，讓自己得以完整。如此一來，你才能超脫情緒的起伏，看見自己已經擁有的優點，並且與自己和其他人建立真正的連結。

> 一個人選擇要多快樂，他就有多快樂。
>
> ——亞伯拉罕．林肯（Abraham Lincoln，美國第十六任總統）

踏上蛻變旅程

第四型蛻變之旅的第一階段，包含有意識地觀察自己和他人比較的心理模式。當他們看見自己如何加強了「己不如人」的信念，並發現這些信念如何妨礙他們體驗到「自己和其他人一樣好」時，就能展開蛻變，了解並接受真實的自己。

假如你覺得自己屬於第四型，你的第一步就是覺察（但不批判）自己如何過度關注了內在的幻想，卻沒有意識到現實的自己和其他人眼中的你。一旦你了解到自己的負面信念不是真的，卻已經對人生帶來許多負面影響，那麼你就正式踏上了蛻變之路。

第四型的關鍵模式

大部分的第四型認為，承認自己的不足代表了誠實和真誠。然而，這在現實中只會加深自己有所不足的信念，並且形成防禦性的模式。因為他們沒有覺察到這些虛假信念如何驅動內心的防衛機制，阻礙他們敞開心胸接受美好的事物，所以他們持續沉睡，無法有所成長。然而，若想在蛻變之路上邁進，他們就必須要了解到，無論是積極尋找自己不足或優越的證據，都會使他們陷入虛假自我的幻象，讓他們無法發揮自己全部的潛力（優越感其實也反映了更深一層的自卑感）。若想從這個狀態覺醒，意味著要質疑「己不如人」的信念，也意味著要看見自己如何從自卑感建構了身分認同。

假如你覺得自己屬於第四型，旅程的第一步就是關注並覺察五種習慣模式：

貶低現在

注意你是否總是理想化遙遠的時刻，而只看到當下的不足或瑕疵。觀察你是否美化或哀悼過去，並且對未來充滿美好幻想。看看你的內心是否無法享受並擁抱當下，並持續對錯失的機會感到惋惜，或是幻想更美好的未來會如何。你或許會常常出現類似「外國的月亮比較圓」這樣的想法，而這將阻礙你在真正有可能採取行動的當下有所動作。這可能為你的人際關係帶來拉鋸和掙扎，覺得自己無法得到的人特別魅力十足。

拿自己和他人比較

自我觀察時，你或許會注意到自己有「比較心理」。檢視自己是否自動將自己和心目中其他人的形象做比較。這代表你會不斷將自己的每個部分和其他人所擁有的或所作所為加以比較，而且通常會感到自卑。然而，無論你是優越或自卑，在心中你和別人都不會是平等的，非得要分出高下不可。你通常會執著地評估別人，並且因為「己不如人」而感到痛苦。你或許會覺得，其他人都擁有你所缺乏的美好特質。又或許，你有時候會產生競爭心態，並認為自己高高在上。

幾乎活在自己的內心世界

注意你是否總是專注在內心發生的事，例如你的感受、想法和幻想。這會使你的自我形象出現偏差，但你卻認為對自己的不足和缺陷都保持客觀。大部分的時候，你不願意接受其他人正面的回饋，認為自我評估才是正確的。因為總是活在內心的世界，你很難接受外在的現實，並好好活在當下。你需要自我檢視，看看自己的人生是否建立在虛假的自我認識之上，並且妨礙了你的成長。重要的是，你必須想想：當你花了這麼多心力在內心的感受和幻想上，就無法探索更圓滿的可能性，並真正接觸現實中的美好事物。

認為情緒定義了你是誰

你很可能會過度依賴自己的情緒來定義人生的經歷，因此讓你對現實的感知出現偏誤，也可能因此讓其他人覺得你過度敏感、自怨自艾。笛卡兒（Descartes）的名言是「我思故我在」，然而，你或許有著類似不容質疑的觀點：「我感受故我在」。注意你是否讓情緒感受定義了你的人生經驗，並檢視這是否使你習慣性自我設限。當然，你的情緒很重要，但情緒來來去去，並不是你的全部。情緒會帶給你資訊和智慧，讓你知道重要的是什麼；但是對於情緒，只要感受、處理，然後放手就足夠了。

相信自己一文不值

表面上，你可能有優越感或自卑感，但內心更深處，你相信自己一定有著本質上的缺陷。而你或許會持續與他人比較，更加確信自己的不足。檢視一下，你是否深信自己缺少了某些必要的特質，讓你不完整、沒價值、無法被愛。你是否總是覺得自己不夠好？注意你是否允許自己的想法和感覺繼續強化這種（虛假）的信念。捫心自問，這是否阻礙了你接受真實的自己？

> 當一扇門關上時，另一扇就會開啟；然而，我們太常只看見關上的門，卻沒看見另一扇開啟的門。
>
> ——海倫．凱勒（Helen Keller，美國作家、教育家、社會運動家）

第四型的激情

忌妒是驅動第四型的激情，表現的方式是渴望擁有其他人的正面特質。忌妒的英文envy來自拉丁文字根invidere，意思是「期待」。在但丁《神曲》的〈煉獄〉（*Purgatory*）篇章，描繪那些要「清洗」（purge）忌妒這種激情的人，雙眼都被縫死，無法看見或渴望其他人擁有的東西。忌妒包含了痛苦地感受到自己缺少了某些重要的事物，同時渴望自己欠缺的東西。第四型總是覺得自己無法達到理想的標準，但其他人卻都能做到。

忌妒會驅使第四型執著於他們缺少的事物，並讓他們覺得自己不夠完整、不夠有能力。忌妒可能帶來破壞性的後果，使他們憎恨心目中比他們完美理想的人，卻沒有意識到，或許自己已經擁有這些特質。換句話說，他們認為其他人擁有的美好特質，可能只是自身優點的投射而已，但他們卻絲毫不察。於此同時，忌妒也會使這類人對忌妒的對象封閉內心，因而無法發現或接受自己已經擁有的好。

假如你覺得自己屬於第四型，就必須覺察以下忌妒的表現形式，才能在覺醒之路上有所進步：

• 關注缺少的部分，而非當下擁有的。
• 關注缺少的正向特質，並強烈自我批判。比較自己和他人擁有的，總是有優越感或自卑感而從不平等。
• 過度稱讚或仰慕其他人，總是給予熱烈的讚美。
• 鄙視其他人，或是嚴厲批判。
• 有自大或自卑的情節。仰慕或鄙視其他人。
• 因為某些情境而過度興奮或悲傷。
• 充滿競爭心，對公開或暗中競爭充滿動力。
• 自我參照，主要關注自身的經驗，以及事物與自身的關連。
• 需要被重視，推崇很高的標準，從不滿足。

忌妒其他人者，永遠無法得到內心的平靜。

——釋迦牟尼

運用第四型的側翼獲得成長

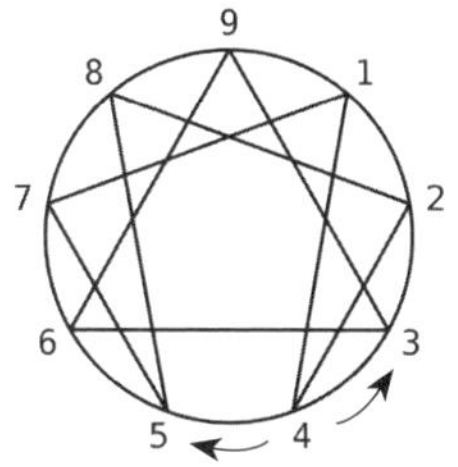

在九型人格圖中，與第四型相鄰的兩種類型是第三型和第五型。第三型的特質幫助第四型變得更實際，不過度情緒化；第五型的特質則幫助他們更客觀平衡。這會打開他們的視野，不再只注意連結、情緒和人際關係，也讓他們在不同方面都更加實際。

- 首先，採用第三型注重任務勝過感受的能力，並努力變得務實、有效率。專注在工作、目標和實際的任務上，不讓自己過度執著沉溺於情緒中。假如有些感受使你無法專注於必要的任務，就要學會放下。學著對於成功所帶來正面情緒感興趣。當你發現自己的情緒越來越強烈，試著把強度降低一點，把注意力轉向你的待辦清單。
- 接著，學習第五型的特質，覺察自己何時無法承受強烈情緒，並努力變得更冷靜平衡。分析自己的感受來理解當下。學習覺察自己何時會過度執著於情緒，並將注意力從感受轉移到想法上。學習從自己的情緒中汲取資訊，了解對自己重要的事物，並用健康的方式抽離情緒。練習從內心轉向大腦，對當下做更客觀的判斷，並用更宏觀的角度看自己的感受。在建立人際關係和抽離獨處之間取得平衡。

「
忌妒是傑出的人都必須支付的稅金。

——拉爾夫．沃爾多．愛默生（Ralph Waldo Emerson，美國思想家）
」

●面對陰影

對第四型來說，蛻變之旅的第二階段，包含覺察到自己渴望被理解和肯定，於是想透過執著於自己的痛苦來贏得愛；同時也要接受、認同並整合自己人生經驗所有正面的部分。如此一來，他們就不再會強烈覺得自己有所不足，而能關注於更簡單、感恩、滿足的人生。

在蛻變之路的這個部分，第四型會開始意識到，自己對於內在情緒真實的執著可能是件壞事（他們原本以為是好的）。缺乏自覺可能會使他們過度戲劇化、自虐、自我陶醉或需求過高，但卻以為自己敏感細膩、有同理心又誠實。當他們過度聚焦在內心世界，沉溺於愁雲慘霧，就會變得自我中心、情緒氾濫、過度負面、過度希望引起別人的欽佩。當其他人無法回應他們對於獨一無二的渴望時，他們就會變得退縮、憂鬱或公開發怒。他們可能會執著於自己的負面，而看不見正面。蛻變的這個部分可能特別令人難堪，甚至會陷入自責自貶的痛苦迴圈。面對陰影的關鍵在於不自我批判，代表他們必須看見自己真正的價值，並學會肯定自己。

第四型的陰影

假如你屬於第四型，以下方式可以幫助你覺察，並開始面對自己的無意識模式、盲點和痛點：

- 尊重自己的感覺，但也要在感受、處理並分享情緒後，學會放下。
- 更活在自己當下的身體中，變得更實際，專注於當下必須做的事。
- 將特定的情緒和感受有意識地轉向心理分析。
- 培養活在當下的能力。假如你受到懷舊情懷或理想未來的吸引，學習將注意力轉回當下發生的事物。

- 對於內在的關注必須與對於其他人感受、需求和渴望的覺察取得平衡。
- 注意、探索並對抗自己「向內投射」（或接收）其他人情緒，並無意識地藉此控制重要人際關係的傾向。
- 當發現自己無意識地從別人身上學了不屬於自己的特質，把它還回去。
- 注意自己如何自我貶抑並無視自己的優點。積極接受自己的優點，讓自己更加成長茁壯。
- 練習將自己的注意力和能量投入外在世界，而不只是關注內在。

> 我以為世界上最美麗的事物就是陰影。
>
> ——雪維亞．普拉絲（Sylvia Plath，美國詩人）

第四型的盲點

第四型或許不願意檢視自己的盲點，因為他們時常會對於特定的情緒狀態產生依附。其他人可能會為了快樂而避開盲點，但這類型的人不同，他們可能為了沉浸在負面感受（例如難過或生氣）帶來的滿足，而逃避快樂。他們或許真的感到不安，但殭屍狀態的生存策略會使他們的不滿足更加增強，藉以對抗更深層的痛苦。

第四型不願向內看見自己的某些優點，也沒有意識到自己沒看見，因為失望和不滿讓他們感到安穩舒適。他們不希望冒險讓自己感覺更好，因為他們害怕再被拋棄，或是面對某種形式的失敗。然而，為了不想感覺更糟而困在負面的情緒中，只會阻礙他們的成長。當他們對於負面感受產生依附，就看不出自己的負面形象是扭曲的。他們實際上有很多理由可以覺得自己很好，但是卻被盲點所掩蔽了。

假如你覺得自己屬於第四型，好消息是，只要你願意看見自己的盲點，並接受對自己的好感，就能超越過去的自我，真正接受最好的自己。假如你能夠忍受發現自己實際上很快樂的震驚和失望，並且把這當成好消息，就能學會對真正的自己感到快樂。

若想在蛻變之路上邁進，你就必須更加覺察下列第四型的重要盲點：

看不見好的部分

你是否只看得見自己和人生出錯的地方，卻看不見好的？你是否總是關注自己欠缺的部分，而不是所有美好或順利的部分？以下這些事將幫助你整合這個盲點：

- 列出你所有的正面特質。質疑你認為的自己的缺失。持續在清單上加入自己的優點。
- 請你親近的朋友和家人告訴你，他們喜歡你的部分。寫下來，每天都看看這份列表，吸收自己的優點，全部都好好接受。
- 練習活在當下，不要想著過去或未來。注意當下的好。
- 觀察你在身邊的人身上看到什麼優點。思考一下，這是否反映了你自己的優點。你以為是其他人的優點，實際上可能是你自己的。
- 體悟到許多性靈學教導我們的真實：每個人的價值都是平等的。不斷提醒自己，沒有人比別人更好或更糟。所有的比較都是錯誤的概念。
- 努力整合自己過去極力否定的優點。做些「鏡子練習」，對自己說出正面的肯定，並讓自己接受。

過度認同情緒

你覺得情緒定義了你這個人嗎？你的許多理想和自我認知是否都源自內心狀態，而非外在現實？試試下面這些整合盲點的方法吧：

- 覺察到自己是否將身分認同都建立在情緒，或是情緒的深度之上。
- 當你僅僅基於情緒就相信某件事時，請反思一下現實，在內心檢視一下外在世界的證據。每天都練習幾次。
- 練習把注意力從你的感受，轉移到周遭世界發生的事。
- 覺察自己是否長時間沉浸在內在世界，活在豐富的情緒或幻想之中。
- 定時將注意力從內在世界，轉移到身邊的人事物上，真正了解他們的感受、想法和經歷。
- 問問和你互動親密的人關於他們的事，不要一直說自己的事。認真傾聽他們說的，但不要內化（也就是不要感同身受）。

想要被理解，但用錯方法

你是否以為，每個人經歷情緒的方法都和你相同？你是否貶低那些不看重（或逃避）情緒的人？當關係中持續出現誤解時，你是否逃避責任？試試下面這些整合盲點的方法吧：

- 覺察並面對其他人的理解對你有多重要，並探索背後的意義。
- 觀察自己用什麼方式尋求身邊的人理解，並詢問他們是否有效。

- 如果身邊的人對情緒的感受與你不同，請更加注意自己如何與他們溝通自己的情緒。了解到你或許需要告訴其他人，你有多麼情緒化，多麼需要被理解。
- 注意自己面對誤解時，是否或過度強調情緒（或提高情緒的強度）。
- 避免使用過度委婉或抽象（隱喻）的言語，因為這可能讓人無法理解你。學習如何更直接了當地溝通。
- 與他人溝通時，學習如何平衡情緒和心智活動，特別是面對那些對情緒感到不自在的人。

> 忌妒是不了解自身獨特性和價值的人所出現的病徵。
>
> ——伊莉莎白．歐康納（Elizabeth O'Connor，美國作家）

第四型的痛苦

第四型很難覺察、整合並超越自己的痛苦。他們或許會覺得不需要特別去「感受痛苦」，因為他們通常已經活在一定程度的痛苦中。面對痛苦時，他們一般都會展現堅強和韌性，因為和其他類型相比，他們對困難的情緒感到最為自在舒服。然而，這類型的人必須體驗覺察到特定的痛苦，並面對其生存策略所逃避的其他情緒。這對他們來說或許格外棘手，因為他們常會執著於特定的痛苦，有時甚至產生過度自怨自艾的刻板印象。然而，雖然這類型的人確實可能過度強調痛苦，但這只是其中一個面向而已。

覺醒之路的重點在於覺察並感受你的人格類型所需要面對的特定痛苦，並藉此成長進步。假如你覺得自己屬於第四型，那麼你根據虛假自我所表達出的痛苦即便感覺很真實，卻只是無意識、機械性的生存策略，對於面對陰影實際上毫無幫助。你或許過度沉溺在憂鬱、難過、絕望或其他痛苦中。然而，為了要成長蛻變，你必須學會覺察沉溺於痛苦作為防衛機制，以及面對你逃避的痛苦之間的區別。

第四型必須更加覺察自己如何過度沉溺於悲傷和其他情緒，這樣的防衛機制讓他們不用意識到快樂的感受、對於被拋棄的恐懼，以及伴隨而來的失落和悲傷。他們最努力逃避的痛苦，應該是讓他們想起幼年失落經驗的痛苦。他們最深沉的恐懼，就是再次體驗人際連結的失去。如果快樂起來，就可能再次因為突如其來的拋棄措手不及。一旦允許自己懷抱希望，相信自己值得被愛，遺棄、悲傷和失望的可能性就會再度浮現。為了有效避免遺棄的痛苦，他們只能主動把其他人推開。

對於第四型來說，要面對與現實相連的某些感受，接受自己真的完整也值得被愛，有時候並不容易。他們很難敞開心胸，接受真正的自己也可以被愛。他們或許會覺得，躲藏在悲傷之後，不讓自己心情變好，反而比較容易——因為快樂（或被愛）意味著又擁有了可能會（再次）失去的事物。

假如你覺得自己屬於第四型，你必須學會面對並承受一些痛苦，才能在蛻變之路上繼續前進：

- 害怕被拋棄，嘗試建立起真誠滿足的連結，卻害怕會失敗或失望。希望被理解和欣賞，卻發現不可能，因為你是個有缺陷的人。害怕你最糟糕的恐懼成真，證明你毫無價值。
- 伴隨著被看見、被暴露、甚至被拋棄而來的羞辱。因為你（錯誤地）相信自己有所缺陷，所以感到羞愧。羞辱感成為你虛假自我的一部分，讓你無法碰觸更深沉的痛苦（以及從痛苦中解放的可能性），但面對痛苦是必要的。
- 與早期失落經驗相關的悲傷。悲傷會將你吞噬，讓你潛逃到比較膚淺的悲傷之中。因為真實的自己得不到想要或需要的愛，或是被拋棄時經歷的失落，而感到悲傷。你必須覺察到失去連結的深層悲傷，接觸到最初所愛的事物，或是悲傷的「源頭」。接著，你必須學會放下。

- 被生命中重要的人所誤解、拒絕或拋棄而帶來的痛苦。你必須碰觸到這種痛苦的最深處，而不是出於防衛心理，只感受到最表層的絕望或憂鬱。
- 你所壓抑的憤怒，或是因此而產生的罪惡感，也可能用不健康的方式表達。憤怒會幫助你為自己挺身而出，並接受自己的正向特質。依據你的子類型不同，你可能為了防止痛苦而過度沉溺於憤怒中。你必須感受到憤怒之下的痛苦。
- 過度專注於悲傷、難過、恐懼或羞愧，而逃避了快樂或喜悅。你必須感受、接受並擁抱真正快樂的體驗，不再追尋缺失的事物。

> 成功最糟的部分，是想要找人為你感到高興。
>
> ——貝蒂．蜜勒（Bette Midler，美國歌手）

第四型的子類型

若能了解你的第四型子類型，可幫助你更精準地面對你的盲點、無意識傾向，以及隱藏的痛苦。每個子類型的模式和傾向，會因為所依賴的三種生存本能而有所不同。

自保型

這個子類型會把痛苦內化，並在內心感受情緒，但不會與他人分享。面對困難的感受時，他們隱忍而堅強，有時甚至相信為了要「被愛」，他們必須強悍、快樂，或獨自忍受痛苦。他們努力工作，以行動為導向。他們不一定會意識到自己的忌妒，而是會努力證明自己的價值。他們比較不戲劇化，而是有受虐狂傾向；外表可能看起來快樂或「沒事」，內在卻正經歷痛苦掙扎，而不表現出來。他們獨立自主性很強，並會試著治療世界的痛苦，就算要付出極大的努力也在所不惜。

社交型

這個子類型比較容易沉溺於受苦中，並且更常表達自己的痛苦情緒。他們有時過度敏感，常表現出難過的樣子。和其他第四型的子類型相比，他們更常表達自己的敏感、憂鬱和不快樂。他們時常拿自己和其他人比較，並且沉溺於自卑感所帶來的痛苦情緒中。即便種種證據都否定了，他們仍深信自己有所缺陷。

（一對一）性欲型

這個子類型會把受苦外顯。他們通常容易發狂，當在面對誤解或剝奪時，他們會輕易表達自己的憤怒。他們會透過表達憤怒，來對抗痛苦、羞恥或己不如人的感覺。這是第四型的子類型中，競爭心最強烈的。他們的忌妒會以競爭心的形式呈現，並且驅使他們積極努力來證明自己的特殊或優越。他們希望讓別人覺得自己有吸引力、特別或不凡。他們也有自大的傾向。

第四型子類型的陰影

假如知道自己子類型特有的陰影，就能幫助我們更有效地面對挑戰。以下是每個子類型的陰影列舉。由於每個子類型的行為都可能讓人覺得相當自然而然，因此要看清並面對就會

相當困難。

自保型的陰影

假如你屬於這個子類型，你會有受虐狂的傾向，不知道自己已經對自己太過嚴苛，也不容許心情放鬆或脆弱的一面。你不喜歡被當成受害者，而在童年時，或許也感受到人們並不想聽你訴苦，所以你覺得必須默默受苦，不表現也不傾訴自己的痛苦，才能證明自己的價值。即使內心深處充滿悲傷或壓力，你也可能會裝出快樂的表情。你常常充滿生理和心理上的痛苦，卻沒有意識到。你必須學會與他人分享你的痛苦，並且接受其他人的支持。

社交型的陰影

假如你屬於這個子類型，你會過度依賴感受和表達痛苦，以藉此贏得其他人的愛。你依賴受害者的心理，所以必須學會加以對抗。你常會過度關注痛苦的情緒，因而無法採取務實的行動。你過度敏感細膩，依戀悲傷或失望的感受。生氣會帶給你罪惡感，而你必須學會表達你的憤怒。你必須允許自己在生命中找到快樂。你的自卑感或許反映了內心深處的優越情結，或代表你拒絕對生命中的好事感到滿足。試試擁有自己的力量和正向特質吧。

（一對一）性欲型的陰影

假如你屬於這個子類型，你可能會把自己的受苦外顯出來，藉此避免痛苦的情緒，也不願覺察自己內在的悲傷、痛苦或缺乏。你通常會關注其他人如何無法滿足你的需求，而逃避羞恥或缺乏的感受。你或許沒有意識到，自己會表現出競爭心態，這反映了你無意識的忌妒。要注意你是否對其他競爭者或比你優秀的人懷有負面的感受。當你覺得被誤解或需求無法滿足時，可能會表現出自大或頤指氣使。如果想要有所成長，就必須學會控制你的憤怒，並面對憤怒之下的痛苦。

> 哲學教導我們泰然地面對其他人的噩運。
>
> ——奧斯卡．王爾德（Oscar Wilde，英國作家）

第四型的困境

第四型的困境主要源自於忌妒的激情和泰然的美德之間的兩極性。泰然是一種平衡的情緒狀態，讓你超脫情緒的起伏，並了解到所有人和各種不同的情境，都有著平等的價值。如果可以覺察到自己與眾不同的渴望和自卑，這類型的人就能了解忌妒對他們的影響，並超脫缺乏所帶來的痛苦。當他們在通往泰然的道路上邁進時，就能開始體驗到內心的平靜，並更能調適情緒的起伏，接受每個人在本質上都有著平等的價值。

假如你覺得自己屬於第四型，以下步驟能幫助你更覺察自己的忌妒，並且朝著更高層次的泰然前進：

- 觀察自己如何持續與他人比較。練習把注意力從比較轉移到感恩，感恩自己的美好之處，以及當下生命中所擁有的一切。
- 覺察自己是否對自己懷抱了格外負面的看法，或是過度羨慕其他人。允許自己接受每個人都是平等的，讓自己更輕鬆地面對現狀，而不是隨時都懷抱著誇大的強烈情緒。
- 對於懷抱自卑感的自己給予同情心。讓自己了解到，這種虛假的信念造成了無謂的痛苦，因此而鬆一口氣。
- 注意自己是否有時會想和他人競爭，證明自己的優越。探索這背後的情緒動機，並了解到，你不需要高人一等才擁有價值；如此一來，你會感受到內心的平靜。練習欣賞他人，並且真誠地對他們的好運懷抱正面感受，但不會因此認為己不如人。

- 避免過度誇大自己的情緒強度，因為這會阻礙你達到泰然的層次。注意你是否以自己的強烈情緒為傲，捫心自問，這是否是某種防衛機制？
- 注意你是否不夠敞開心胸接受美好的事物，以至於陷入惡性循環，渴望美好卻又無法接受。觀察並對抗這種妨礙你滿足需求的防衛。

> 想要達到泰然，我們就必須在感受到吸引或排斥時阻止自己，才不會惡化成執著或負面情緒。
>
> ——佩瑪．丘卓（Pema Chödrön，美國藏傳佛教比丘尼）

運用第四型的箭頭獲得成長

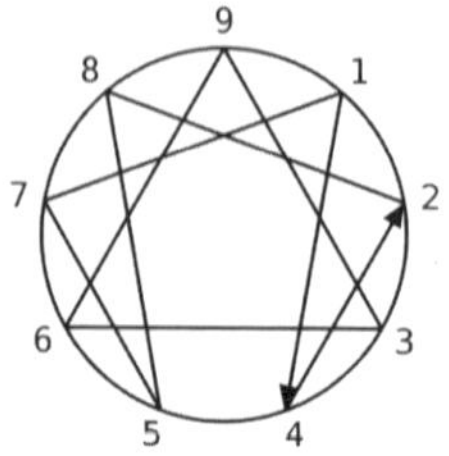

在九型人格圖中，與第四型以箭頭相連的類型是第一型和第二型。第四型如果整合了第一型的活在當下和務實，並發展第二型對其他人的關注及深層同理心，就能超脫自己對於內在領域的過度關注。

- 首先，除了追尋感受和意義外，也練習第一型關注實際行動的能力。將注意力集中在如何改善事物，並帶來高品質的成果。採取行動來實踐你的創意，注意整體的組織、過程和紀律。設法透過關注結構和任務，來平衡你情緒化的本質。多運動和感受自己的身體，這會幫助你的身體去支持你高低起伏的情緒。
- 接著，整合第二型的能力，除了關注自己之外，也更有意地關注其他人。更加關注其他人的需求，以及自己能如何幫助生命中的重要他人。這能幫助你對抗自我指涉的傾向，讓你不再以內在的體驗為優先。關注自己以外的事物，傾聽其他人，發揮同理心。透過互相理解來強化你的人際關係。

強烈的痛苦或愛都會擊碎無謂的自尊心，而這使人更接近同理和泰然這兩種美德。

——理查．羅爾（Richard Rohr，美國方濟會神父）

擁抱更高的層次

在旅程的第三階段，第四型放下了自我為了追求突出和價值，而驅使他們創造的虛假人格，並且回歸到更真實的自己。當他們學會因為天生的良善而珍視自己時，就能有所覺醒，了解自己並不缺乏任何東西。當他們了解到，自己內在已經擁有需要的一切，就不再想像自己得不到某些美好事物，或是覺得「外國的月亮比較圓」。當他們覺察到自己的忌妒和對拋棄的逃避，就能了解到，不需要犧牲自己的真誠、敏感或與內心深處的連結，也可以得到快樂。只要對生命的所有經驗（好與壞、明亮與黑暗）懷抱感恩，就能超脫曾經重視的情緒紛擾，進入泰然的狀態，並且了解到人生最大的滿足來自活在當下。

這包含更了解真正的自己，而不只是過度執著於自己所沒有的事物，或是自己無法達到的（虛假）理想形象。他們可以開始改變關注自身缺點、想要證明自己的習慣。他們可以看見主動降低自我期待的後果，並相信生命可以帶給他們更多。他們了解到，自己其實沒有什麼問題，而自己的價值不需要由其他人的理解、欣賞或愛戴來證明。他們領悟到，比起別人的肯定（或因為得不到而挫折），愛自己更重要多了。

假如你覺得自己屬於第四型，在這個階段覺醒的較高層次就是整合、平等，以及更冷靜穩定的情緒狀態。假如你能超脫想證明自身優越或不足的執著，就能朝著平靜和慷慨前進。你不再對於別人的理解和肯定汲汲營營，並完整接受自己真正的模樣。

以下技巧可以在這個階段幫助你，而這是以前的你難以想像的：

- 不再專注於自己的匱乏感，了解這些不足都不是天生的缺憾。
- 認為自己已經足夠，並不缺少任何東西。
- 重新和內在的良善連結。
- 擁抱內心深處的冷靜和平靜，與自己和身邊的一切建立連結。
- 除了天生的強烈情緒外，也留一些空間給平衡和穩定。
- 享受當下人生的一切，不加以質疑。

- 不再覺得自己需要與人比較，平等看待每個人。
- 情緒不再過度敏感，但也不失去情商或同理心。
- 可以與其他人建立深入的連結，謙卑地接受自己是個平凡而快樂的人。

> 當你接受事物的真實樣貌，就能達到泰然。
>
> ——傑克．康菲爾德（Jack Kornfield，美國佛教作家）

第四型的美德

泰然的美德是第四型忌妒激情的解方。泰然是一種平衡的情緒狀態，讓你超脫自己的情緒起伏，並看見每個人、每種情緒或情境的平等價值。這幫助第四型成長，突破了他們認為優越感才能帶來價值的迷思。他們不再過度投入於特定的情緒經驗，了解所有的情緒都會反映內在的真實，所以都擁有平等的價值。他們不再過度執著於變化的情緒狀態，無論發生什麼事、和誰在一起，都能維持相當的內在平靜。他們對於自己和他人都懷抱感恩，了解每個人都同樣有價值，能實現更高的潛能。他們了解到每個人都是獨一無二的，沒有人比其他人更好。他們揚棄了比較的心態，更能看見現實的樣貌，而不再以內在的認知來批判一切。

身為處於泰然的第四型，你會開始有以下體驗：

- 敞開心胸，接受並欣賞真正的自己。面對自己最深層的本質，對自己已經擁有的一切和自己當下的樣貌，都心懷感恩。
- 能珍視每個經驗，無論是平凡或不凡的經驗，並看到其中的意義。每一刻都認真活在當下。
- 敞開內心，與自己和其他人天生的良善連結。
- 內在情緒得到平衡，不因為外在的刺激而受到過度負面的影響。允許自己只用絕對必要的能量來做每件事。
- 即便面對壓力，也保持情緒的平衡。對自己和他人的觀點也不偏差，與周遭的環境和平共處。
- 單純接受生命的模樣，不與其他人比較。
- 懷抱寬廣開闊的人生觀，能夠超脫情緒和情境的高低起伏。從較高點往下看，一切都會是平衡和諧的狀態。

- 內心開放而平靜，讓自己活在瞬息萬變人生的每個當下。
- 不再逃避自己或自己的經歷，也不迫切追求自己所羨慕的。

> 泰然是內心完美而無法動搖的平衡狀態。
>
> ——向智長老（Nyanaponika Thera，上座部佛教僧侶）

從殭屍的狀態覺醒

對第四型來說，擁抱真實自己的關鍵在於慢慢將注意力從負面或匱乏之中轉移，允許自己看見正面和當下擁有的。對許多人來說這很困難，因為自我會告訴我們，我們有所不足、需要變得更好、不夠完美、無法達到某些獨斷的標準。然而，第四型若能意識到自己如何為人格模式所困，就能超脫自我打擊的習慣，不再為了逃避現在，而理想化過去或未來。事實上，任何人唯一能經歷的時刻就只有當下。更活在當下的同時，第四型也更有能力接受真正的自己，並了解一切都是最好的安排。

當第四型看見自己如何因為不相信可以擁有，而無法得到自己所想要的，就能對自己有更寬闊的看法，並且讓自己在感恩的心境中得到許多。他們習慣相信自己有所不足，而處在殭屍的狀態中。然而，當他們努力克服這個虛假的信念，就能得到內在的平靜和外在的接受。他們會向外散發出喜悅，感恩地接受所有的情緒體驗，但不會因此失去內心的平衡。當他們不再相信自己一文不值，就能開始接受自己並不欠缺什麼。他們敞開心胸，接受自己本質的和平、喜悅和冷靜。

第四型的成長之路可能荊棘遍布，因為他們認為自己有所不足的信念太過堅固，形成了虛假負面形象的核心，幾乎無法動搖。然而，當他們開始看清這個謊言，就能領悟到他們只需要真正的自己就已經足夠，什麼也不欠缺。唯有努力跳脫「比較心態」，他們才能不再以狹隘的「較好」或「較差」來評價一切。然而，當他們能超脫這種狹隘觀點，就能對自己和他人建立起更開闊且正確的嶄新觀點。

當第四型鼓起勇氣，放下防衛心態，不再為了保護自己不被拋棄，而主動自我拒絕，就能開始整合自己的「正面陰影」。他們接受自己真正的良善和模樣，因此不再錯誤地認為自己有所不足——這個虛假的形象源自於對於受傷害的恐懼，這曾經帶給他們許多安全的幻覺。當他們在蛻變之路上前進時，會開始擁抱完整的自己，並且擁有獨一無二的天賦，能在從忌妒到泰然的路上支持其他夥伴。

第五型

從貪欲到無執

「一個人唯有透過其他人才能成為人；孤立的人無法成為人，唯有在人際關係裡才能。」

——戴斯蒙．屠圖（Desmond Tutu，諾貝爾和平獎得主）

很久很久以前，有個人名叫「五」。「五」來到這個世界上有個任務，就是要與每個人事物都建立深刻的連結。然而，正因為她是這樣的人，所以時常會讓自己與其他人或自己的內心疏離。

年幼時，「五」試著與其他人建立起發自內心的連結。然而，那些人卻常常在她想要一個人時侵入她的空間；而當她真的需要他們時，他們卻又都不在。對「五」來說，無論是侵入個人空間或需要時找不到人，都帶來很大的困擾，讓她不知道該如何與其他人連結，特別是覺得自己受到侵犯或忽視的時候。內心深處，她暗自覺得自己有所不足，與其他人格格不入。她想方設法與其他人連結，卻屢屢受挫。一次又一次，人們總是在她需要時離開她，或是不願意給她獨處的空間。隨著時間過去，「五」終於決定放棄，與其他人越來越疏離，也不再面對自己的感受。

「五」發現自己一個人的時候，感覺最冷靜舒適。最終，即便當她想要，也無法與其他人連結。因為獨處的時間太長，她也忘了如何告訴別人，自己想親近他們或想念他們。為了避免曾經體驗過的挫敗，她決定等其他人發現她的孤單，不幸的是，從來沒有人注意到。隨著年歲漸長，「五」沒有意識到自己已經遺忘了對於人際連結最基本的需求。她習慣一個人，喜歡一個人時的舒適和安全感。和人際相處比起來，一個人要容易多了。

「五」喜歡學習，因為學習讓她覺得自己很聰明（也比較有能力），而且學習是可以獨自進行的事。她認為自己很獨立，不需要依賴別人，而且學識淵博。她私底下很享受學習新知的樂趣，也開始對自己的知識感到有些信心。然而，她還是會逃避想與她交流的人，也想避免一個人的時間被打擾的痛苦，或是需要陪伴時找不到人的孤單。她不想要失去活在內心世界的安全感，也不想冒險分享更多關於自己的事。同時，她也不想分享自己的書，或是其他珍惜的物品。

成年以後，「五」致力於蒐集新知，而天生敏銳的心智幫助她在專業上有所成就，讓她擁有更多的獨立自主性。身為專業的自營業者，她設法避免鎂光燈的注目。每天，在完成必要的事務後，她就會投入最喜歡的事：學習，並躲在自己的私人空間中。

接著，某天「五」發覺自己做的一切都一成不變。她不是很有精力，也不覺得自己活著。她時常感到疲憊，特別是與人相處的時候。其他人問及與她相關的事，或是想和她分享感受時，她都會覺得精疲力竭。在焦慮地反省後，「五」陷入睡眠；睡夢中的她感到孤單，讓她很難受。她沒有任何動力學習，並且有股神祕且違反意願的力量，讓她對身邊的人充滿了強烈的愛。她不想要再孤單寂寞，她想要更親近這些人。「五」覺得自己的世界天翻地覆，不知道自己該怎麼辦，然後就從睡夢中醒來。

「五」無法確定自己的夢是場美好的體驗還是個惡夢。她花了一些時間思考，然後就把夢拋到腦後，繼續一個人過著千篇一律的生活。

「五」變成了行屍走肉。注重隱私、自足又安靜，但終究只是個殭屍而已。

第五型的特質

假如以下大部分或全部的人格特質都符合你的狀況，那麼你或許就是第五型：

□你大部分的心力都投注在學習新事物，沒有其他目的，學習本身就是目的。

□你持續擔心無法保持私人空間和時間，並且會逃避外在世界對你的要求。

□你會將自己抽離，隔著一段距離觀察人事物，想了解情況。
□你習慣比一般人吸收更多的資訊或知識。
□你很難與其他人交流，也很難維持與自己內心或其他人的連結。
□對你來說，事情都應該維持理性，讓你可以理解。
□你會積極掌控自己的時間。對於必須投入比你想要更多時間的互動，你會特別敏感。
□你相信如果人們不斷對你有所要求，或是分享他們的感受，你的精神會遭受剝奪。
□你追求專業，喜歡成為專家，並鑽研特定感興趣的領域。

假如在看完這份檢核表後，你發覺自己屬於第五型，那麼你的蛻變旅程將會分成三個階段：

首先，你會踏上認識自我的旅程，覺察自己為了保護私人空間和能量，而與其他人和情緒疏離的方式。

接著，你會面對自己的陰影，更覺察自己的知識和獨處，無法滿足你的情感需求。你會開始超脫自我限制的人格習慣，了解到這樣的習慣只會在你的心中製造出深層的匱乏感。

最終，你學會不再囤積知識或為了害怕被剝奪而躲避其他人，因此朝更高的層次邁進。

當你越來越覺察到自己如何在面對最需要的事物時封閉自己，就可以真正相信，若能與自己的內心深處有所連結，那麼與其他人連結其實並不需要耗費心力。

「這就是我的祕密：我不介意發生的事。

——吉杜．克里希那穆提（Jiddu Krishnamurti，印度哲學家）」

踏上蛻變旅程

對第五型來說，蛻變之旅的第一階段，包含了有意識地創造更多空間，讓自己注意到自己的思考模式，以及自己對情緒的疏離。透過積極觀察自己在沒有得到足夠的照顧和愛時，會如何拒絕給予其他人關注和愛，就能注意到自己創造的惡性循環，而這樣的循環百害而無一利。

第五型若能意識到自己對於知識的追求，以及對於內心和身體的忽略，就能超脫他們自我侷限的觀點。他們必須不帶批判地覺察這樣的心智追求會造成什麼問題。覺察到自己追求獨立性的方式，以及對於被忽略的恐懼，他們就能在蛻變之路上邁出第一步。

第五型的關鍵模式

假如你覺得自己屬於第五型，就應該專注並覺察以下五種習慣模式，才能在蛻變之路上向前邁進：

想太多

雖然思考和分析的確能幫我們想通一些事，並得到一些控制，但你也必須了解到，這無助於內在的成長。身體的功能不只是「支持大腦」而已，而你的心是最好的羅盤，告訴你該做什麼、該以什麼為優先。當你過度看重理性、分析和觀察，雖然能增長知識，卻未必能得到智慧，因為智慧只能來自經驗。

害怕連結會帶來寂寞

你很討厭人們侵入你的空間，或掌控你的時間。為了避免這種狀況，你的許多選擇和行動都受到影響。你漸漸有能力在獨處時感覺良好（甚至非常好）。然而，你連自己也沒意識到的內心深處，或許暗自希望能與其他人更深入地連結。探索這些衝突的渴望，也就是總是希望有更多的獨處時間，同時又希望能更與其他人連結。這些渴望如何影響你？如何讓其他人難以理解你傳達的「矛盾訊息」，使他們不知道該與你保持怎樣的距離？

孤立自己

很可能，你覺得生理和心理上的自我孤立，是無害的習慣或個人風格。然而，頻繁地與其他人拉開距離，或許是源自於受過傷害，或是害怕自己受傷。從更深的層次覺察自己的內心，並觀察受傷的恐懼多常浮現。試著注意你是否真的比自己以為的更細膩敏感，或許這樣的過度敏感正是你與自己內心疏離的主要原因。

害怕富足

你或許會注意到，假如事物變得「太多」、太無法承受，你就會自動有所抗拒。當其他人說太多話、太頻繁地提出太多要求，又或是想要與你親近太長的時間，你就會退縮。假如有太多好事，你或許會產生反感；假如有太多樂趣和喜悅，或是「太多愛」，你就會出現負面的反應。觀察一下，這是否源自你對富足的恐懼，使你逃避可能太圓滿的體驗，而選擇了讓你相信自己不需要太多，或是簡單生活、極簡主義的生活模式。

過度控制、過度自制

你很可能會對自己的明智和自制感到自豪。觀察一下，你是否對自己有著過度強烈的控制，以至於生活失去了趣味和順其自然的可能性。雖然你一般來說不喜歡控制其他人，但當有人親近你時，你或許會在某些方面展現特別強烈的控制欲。這樣的傾向源自於你會積極主動地防止別人侵入私領域、占用你的時間、消耗你珍貴的能量，或是打亂你的規劃。這個習慣或許能讓你的生活更舒適、更可預期，但卻少了些熱度和喜悅，你可能會在無意識中，把你所愛的人推開；你或許無意識地依賴著腦中最安全的生活方式。然而，如果留在舒適圈，你就錯失了享受更豐富、更有深度人生的機會。

> 孤獨很重要。對某些人來說，孤獨是他們呼吸的空氣。
>
> ——蘇珊．坎恩（Susan Cain，美國作家）

第五型的激情

貪欲是驅動第五型的激情。作為這種類型的核心情緒動力，貪欲的表徵是對於給予和接受都封閉內心。如果更加覺察這種激情，第五型就能在成長之路上有所進步。

貪欲的激情未必是我們認為的那樣與金錢有關。根據九型人格的智慧，貪欲與心靈的封閉相關。第五型很難在人生中保持敞開的內心，並感受自己所有的情緒。對他們來說，情緒的敞開可能是完全陌生的領域，因為他們一直以來，學會相信的是理智而非感受。他們封閉內心的理由可能不同：創傷、幼年時未滿足的需求、愛與依附關係中的失望、背叛、未達成的期望，甚至是生命中遭遇的各種難題。無論理由為何，他們都決定用特定的方式封閉內心，變得完全無法感受自己的情緒。事實上，第五型通常會害怕感受情緒。

受到傷害或忽略時，第五型就會渴望疏離。這可能分成幾個層次：生理上（身邊沒有人）、情緒上（封閉內心，什麼都感覺不到）、心理上（不記得某人的存在），甚至是直覺上（突然從正面的感官抽離）。更甚者，他們很難與其他人交流或保持連結。他們或許只是覺得自己比其他人更內向，但難以建立連結的真正原因，可能反映了更深沉的恐懼：害怕無法從他人身上得到自己需要的。

他們或許也害怕在與人分享自己的一切時，會使自己枯竭。事實上，許多第五型都表示，他們害怕與其他人持續情緒連結時，自己的能量（甚至生命）會被消耗殆盡。他們總是害怕生命中的其他人會提出太多要求，或對自己有太過頻繁或太高的期待（無論是否說出口）。當和他們交流的人給得不夠多時，他們也時常覺得自己受到剝奪。

由上述看來，貪欲其實就是對生命本身的收縮。這使得第五型在面對人生的豐富，以及宇宙的無窮無盡時，都會把自己縮小。某種角度來說，貪欲可以視為對人類無限可能性的抽離。第五型相信的是稀少性，並選擇了較少的人生。他們通常很擅長運用較少的資源順利生活。由於關閉了各種可能性和人生的豐富其實是件悲傷的事，所以他們通常也會關閉內心，讓自己感受不到這樣的痛苦。

為了在蛻變之路上有所前進，第五型必須允許自己感受抽離的痛苦，和沒有喜悅人生的悲傷。假如你覺得自己屬於這個類型，就應該覺察以下這些貪欲的展現，才能朝著覺醒邁進：

- 溝通的模式偏向緘默少言，多使用中性、非情緒化的語言。
- 在時間、空間和心力方面，建立明確的界線。會限制自己在人際互動上投入的心力，並避免會耗費更多心力的驚喜或突發事件。

- 對於知識感興趣，並視為逃離他人和情緒的途徑。
- 時常避開其他人，不覺得需要與他們對話。
- 不願談論自己的感受或揭露個人資訊。很難哭泣，也很難在其他人面前接觸自己的情緒。
- 時常會沉浸在思緒中，與情緒和其他人疏離。
- 迫切需要獨處或個人空間，覺得必須躲藏起來。
- 很難感受當下並作出回應，跟別人相處時，通常會延遲對感受的覺察，直到獨處時才面對。時常會把回應藏在自己心中。
- 疏離，時常會保持距離來分析和觀察，總是冷靜自制。

為學日益，為道日損。

——老子

運用第五型的側翼獲得成長

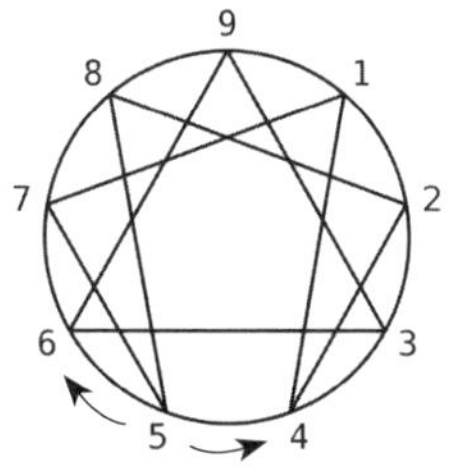

在九型人格圖中，與第五型相鄰的兩種類型是第四型和第六型。如果能運用第四型的特質，開拓自己的情緒能力，並結合第六型的洞見，更覺察自己的恐懼，那麼第五型就能超越自身的知識追求，並拓展自己的眼界。

- 首先，實踐第四型的特質，更注意自己的情緒狀態。允許並接受自己的情緒。當你感受到情緒時，不需要去理解，只要感受就好。允許自己更自然而然並勇於自我揭露。進行一些幫助你自我表達的計畫或興趣，將內在的世界向外展露，在生命中添加幾分創造力。提升你的經驗強度，和你信任的人深談帶給你強烈感受的事物。
- 接著，整合第六型的特質，更覺察並與自身恐懼建立連結，即便會變得比較焦慮，也要讓自己不那麼冷靜。冷靜通常是貪欲的象徵，代表你的心對於各種感受和經驗都封閉了，而這未必代表你在好的方面「平靜」了。讓內心保留多一點空間給恐懼或焦慮，因為這都是人類的警報系統在身體中的智慧。感受你的恐懼（而不是冷酷），藉此激勵自己的行動。對於問題抱持更警醒的注意力，讓自己更積極地處理。在確信之前就分享你的想法和擔憂，就算可能讓其他人感到煩心，不斷談論可能出錯的部分也無妨。這或許很困難，但對於習慣與他人或更深刻生命經驗疏離的人來說，這絕對會帶來許多益處。

「反思就是面對陰影。

——維多．雨果（Victor Hugo，法國文豪）」

面對陰影

第五型蛻變之旅的第二階段，是了解到從知識的角度面對人生，其實會阻礙你更完整地認識自己內在重要的部分。第五型如果能覺察並接受自己的情緒和人際連結的能力，並接受更豐富的生命，就能面對並化解陰影。這將幫助他們了解到，自己對於稀少性的錯誤信念，將使生命受到侷限，而無法活出更圓滿富足的生命。

在旅程的這個階段，第五型了解到自己對於理性、邏輯和理智（他們覺得是好事）的執著，其實可能是負面的。他們缺乏自覺，使他們得以疏離和漠不關心，卻以為自己的心態是正確的。他們會運用資訊和知識來填補情緒經驗的空洞，因而無意識地錯失了成長的重要階段，以及更加圓滿的人性。失去與情緒的連結後，他們變得冷酷而無感，對自己和對他人皆然。

第五型蛻變之路的這個階段可能很艱困難受，因為他們必須覺察到，讓他們保持安全的生存策略，其實阻礙了他們更深刻的生命體驗，而他們必須努力對抗這樣的習慣。

第五型的陰影

假如你屬於第五型，以下方式可以幫助你覺察，並開始面對自己的無意識模式、盲點和痛點：

- 用不理性的方式辨識並表達你的情緒，確認你真實感受到自己的情緒，而不只是思考這些情緒而已。
- 對其他人更加敞開自己。允許他們在想要時接近你，而不只是按照你的意思控制距離。

- 放下你對於時間控制的需求。有時也允許其他人來決定你的時間，並保持更有彈性的時間表。
- 邀請其他人進入你的私人空間，無論是實際上的家或是整個人生皆然。
- 更常分享你的感受，就算其他人不分享也沒關係。
- 打破你自律自足的模式。開口求助，參考別人的意見。
- 感到疲憊時，不要接受你對於稀少性的（錯誤）信念，你擁有的能量其實比你想像的更多。做任何事時，都增強你投入的強度。你的能量之所以有限，只是因為你畫地自限而已。
- 在覺得自己全盤了解之前，就先分享你的意見。
- 在全盤規劃之前就先著手進行。允許自己隨機發揮、順其自然。

前進的方法有很多，但停滯不前的方法只有一種。

——富蘭克林．羅斯福（Franklin D. Roosevelt，美國第三十二任總統）

第五型的盲點

許多第五型或許不願意檢視自己的盲點，因為他們覺得已經很了解自己了。面對表面之下的事物，他們通常會覺得不安，而他們的生存策略也會避開所有的感受。由於不願意面對自己的感受，他們會認定自己在智識上勝於其他人，也可能會表現出這樣的看法。他們會專注於內在，或從較遠的距離觀察，藉此逃避去感受事物。獨自一人時，他們會覺得最自在，而安全起見，他們會留在舒適圈中。因為無法覺察對隱私的渴望所隱含的意義，他們難以有所成長。在殭屍的狀態下，第五型會盡全力避免自我揭露、更深刻地投入人生所帶來的不適感。

然而，還是有些好消息。假如你覺得自己屬於第五型，希望能看見自己的盲點，也願意面對隨之而來的痛苦，那麼你終將體驗與自己和一切事物的深刻而美好的連結。假如你能忍受當下的不適，練習真實面對其他人及感受，就能享受更多人際的連結。而你或許會鬆一口氣，因為你不再隨時想在其他人的面前退縮逃避。

將理智化作為防禦機制

你是否試著用邏輯來理解和解釋一切，而不願直接去體驗？你是否有時會讓簡單的事物變得比較複雜，讓實際的事物變得抽象難解？以下這些方式能幫助你整合你的盲點：

- 每天對自己重複說幾遍：「情緒和感受必須被經歷，而不是理解。」
- 與心理治療師或親近的朋友談談你覺得自己的不足，或是格格不入之處。
- 注意是什麼阻礙了你的喜悅感。
- 思考一下，假如你允許自己更常微笑或大笑，會發生什麼事？不要太常用想的，或是將一切理智化。
- 問問自己，單純地好好體驗人生最深刻的時候，真的有這麼糟嗎？你覺得人生可以有更多的趣味和輕鬆嗎？
- 了解貪欲和知識相關。承認自己知道的其實沒那麼多，不再對知識有所依附，練習將知識實際應用在人生經驗中。
- 更加覺察自己對於感受的恐懼，如何趨使你將一切理智化。
- 當你覺得自己太認真理性時，讓其他人要求你和他們做一些蠢事。

把學習當作中心目標

學習是否一直是你最強烈的動機？當你把學習新事物當成第一（唯一）優先時，是否因此搞砸了某些計畫或人際關係？你是否太過專注吸收新知，以至於沒有採取行動？以下這些方式能幫助你整合你的盲點：

- 當你花許多時間讓自己學習更多時，試著覺察自己背後的動機。你在追尋的是什麼？這麼做的成本是什麼？
- 覺察你是否在被逼迫去做已經知道該怎麼做的事時，感到憤恨。
- 覺察你是否在挑戰性不夠高時，渴望改變自己做的事。為什麼你的心智總要如此活躍？這可能帶來怎樣的負面後果？
- 承認你對別人的想法或資訊所感到的興趣，更勝於對他們本身。觀察這樣的重視如何讓你無法與他人有意義地互動。
- 注意你是否害怕花時間與人相處，而沒有學到任何東西。你如此注重拓展自己的知識，是想要逃避什麼感覺嗎？
- 注意你觀察、分析、規劃和進修的習慣，都是為了滿足你對學習永不滿足的渴望。更加覺察你對知識的貪欲。注意這樣的習慣如何讓你留在舒適圈，也就是你的腦袋中。

無法清楚地溝通

是否常常有人跟你反映，他們不知道你在想什麼，或是很久沒有聽到你的消息？人們是否常常告訴你，他們覺得你心不在焉？以下這些方式能幫助你整合你的盲點：

- 承認對你來說，用更私人的方式與其他人溝通相當困難。假如你覺得自己已經做得很好，想想其他人怎麼說的。承認你溝通的頻率遠遠不足。
- 注意你是否有效地溝通。雖然你的想法對你來說很鮮明，你也覺得自己順利傳達了，但你或許忘了讓其他人知道你在想什麼，或是你有多在乎他們。
- 觀察你是否會因為對某人感到不安而避免溝通。承認這麼做並不成熟。
- 探索你對用字精確的執著，而不願意加入臉部表情和肢體語言。百分之八十左右的溝通都是非口語溝通，想想你在這方面能做出什麼改進。
- 注意你在溝通時，是否惜字如金，或是有太多冗言贅字。注意自己溝通時的態度是否太正式或學術，以至於比較依賴情緒或直覺的人可能沒辦法完全理解你在說什麼。

- 了解你對於分享自我的恐懼。注意你是否時常害怕過度強烈的情緒，或是害怕說什麼蠢話，又或是揭露過多。注意你的恐懼，以及恐懼如何使你停滯不前。
- 開始與自己信任的人更深入全面地溝通，並漸漸融入更多人。

> 想想那些容許鳥兒不請自來的樹，在牠們飛走時亦不渴望挽留；
> 假如你的心也能如此，離道就不遠了。
>
> ——禪學

第五型的痛苦

第五型通常學識淵博，而其自我認同也是以此特質為基礎。他們的生存策略有一部分就是繞過感官和情緒，因為他們下意識地會擔心自己與其他人格格不入；他們通常會害怕被情緒壓垮，或耗費過多心力。雖然有時候會給人傲慢的感覺，但第五型的優越感背後，其實隱藏了自卑的情結。他們塑造出「聰明」或「知道最多」的形象，以免別人覺得他們害羞或不善交際。

為了達到覺醒，第五型必須覺察自己躲在知識分子形象後的習慣，以及其隱含的情緒。當他們決定放輕鬆，不再擔心給人奇怪或尷尬的印象後，其實就會顯現出天生幽默有趣的一面。然而，因為無意識地害怕給人社交能力或情商不足的感覺，所以他們會抗拒自己這樣的本性。

假如你覺得自己屬於第五型，那麼為了要超脫殭屍模式，你必須學習接受任何說話或做事的衝動，而不是分析這是否恰當，就算你因此感到不安也是。為了從無法與他人建立深刻連結的習慣中解放，你必須更加接觸恐懼和防禦心態背後的不安和痛苦——特別是害怕人們在你敞開心胸後，卻沒能陪在你身邊，或是接受你情緒上的需求。

以下這些步驟能幫助你更深刻、更頻繁地體驗自己的情緒（和痛苦）：

- 在練習感受情緒之前，先感受身體。這能幫助你在敞開心胸後，得到更深刻、更長遠的體驗。
- 當你試著感受情緒時，覺察到你內心的空洞。意識到之後，允許自己感到痛苦。持續接觸這樣的痛苦，如此你才能學習感受自己的情緒，也才能接受自己的情緒經驗。

- 注意你是否與其他人或情緒疏離，以逃避你對感受情緒的恐懼。第五型很擅長逃避可能會帶來恐懼的情境。
- 想想看，童年的某些經歷是否讓你覺得孤單，因為沒有人能與你連結。你或許因為沒有人在你經歷情緒時帶給你安全感，所以關閉了心門。
- 更加接觸自己習慣性疏離的情緒，允許自己因為浪費了太多時間孤立、無法與人連結，而感到悲傷。抗拒接下來的人生都要封閉內心的想法，學習接受自己的情緒，並在情緒層次上與其他人連結。
- 試著更敞開心胸，培養人際關係，得到更多支持，看看會發生什麼事。當你允許人生更豐富、充滿了愛時，注意自己感受到的喜悅。當身邊的人沒有離開，讓你覺得被看見、被滿足時，好好感受隨之而來的情緒。
- 敞開心房，建立起更重要、更滋潤身心的連結——與自己的連結。你將學會愛自己，這既美好又重要。

我知道我什麼都不知道。

——蘇格拉底（Socrates，古希臘哲學家）

第五型的子類型

若能了解你的第五型子類型，可幫助你更精準地面對你的盲點、無意識傾向，以及隱藏的痛苦。每個子類型的模式和傾向，會因為所依賴的三種生存本能而有所不同。

自保型

這個子類型會逃避其他人並建立物理界線，躲進自己的房子或（通常很小的）私人空間。他們不願面對現實：離群索居無益於人際關係，也覺得在外界待太久很危險。他們有強烈的需求，想要躲到自己選擇的安全空間。他們喜好極簡主義，而且很難跟其他人分享關於他們的事或情緒，無論好壞皆然。

社交型

這個子類型會努力追尋特定主題的所有知識，並且想要進入該主題（通常很小）的專家圈子。他們通常比較能認同擁有相同價值觀或知識興趣的人，而不是身邊的人。比起私領域被侵犯，他們更害怕「不知道」。他們外表看來擅長溝通和社交，也享受知識的討論和分享；但他們依賴的是資訊和知識，而排斥心靈上的交流和連結。

（一對一）性欲型

這個子類型追尋的是理想或終極的關係。但他們可能會對於想親近的人過度挑剔，有時會希望「對的人」通過一系列的測驗。他們的性格有些浪漫、藝術和想像力，與情緒有強烈的連結，但通常只會透過某些自我表達的媒介來間接表達。和其他子類型不同，他們更需要正確情境下的親密關係——通常是找到某個可以信任，又能接受他們的缺點並欣賞他們的人。

第五型子類型的陰影

假如知道自己子類型特有的陰影，就能幫助我們更有效地面對挑戰。以下是每個子類型的陰影列舉。由於每個子類型的行為都可能讓人覺得相當自然而然，因此要看清並面對就會相當困難。

自保型的陰影

假如你屬於這個子類型，你很可能過著離群索居的生活，但這帶來的益處遠比你想像的更少。你或許會無法容忍自己的空間被其他人「侵入」，並小心保護自己的個人資訊，但這無法幫助你超脫自我的限制。當你在現實中與其他人保持距離時，就會變得越來越孤僻，而且會逃避自己的恐懼。注意你是否盡可能減少與其他人的溝通，這會阻礙你的成長，特別是當你不允許自己表達憤怒、參與衝突的時候。

社交型的陰影

假如你屬於這個子類型，你通常會想讓自己變聰明，或給人學識淵博的印象，但這不會帶給你真正的智慧或喜悅，也不是謙虛的生活方式。你或許會因為認為某些人屬於自己的「特殊族群」，而給予他們不同的待遇。注意你是否對那些擁有相同興趣和專業的人更溫暖關照，對於其他人則比較冷酷漠然。你是否因為無意識地害怕「沒有意義」，過度重視知識和意義的追求，而忽視了個人，這導致你與其他人疏離，無法真正在乎他們。你偏好智識上的追求，而不是情緒的發展，或許這意味著你自認相當清醒透澈，但實際上卻並非如此。

（一對一）性欲型的陰影

假如你屬於這個子類型，你會限制自己深交的人數，對於人際關係不但過度挑剔，而且需要極高程度的信任。雖然你希望和伴侶間有高度的親密，卻可能因為控制欲而讓自己無法達到真正的親密，並且過度誇大自己敞開心胸所需要的信任。在追尋終極關係時，你或許會抗拒生命中更廣泛交際的機會。

> 不要忘了微笑，忘了微笑的一天就像是虛度了。
>
> ——查理．卓別林（Charles Chaplin，喜劇演員）

第五型的困境

第五型的困境主要源自於貪欲的激情和無執的美德之間的兩極性。無執指的是完全敞開並接受生命的自然流動，不囤積於內在，而是向外回饋予身邊的人。對於第五型來說，覺察自己如何與其他人、情緒和生命本身脫離，才能看見自身激情最中心的面向。當他們看見自己聰明細緻的心智和幼稚、未發展的內心之間的差異，才能蛻變成長。當他們看見自己對情緒的冷酷和疏離如何傷害了其他人，才能學會覺察自己的貪欲。

假如你覺得自己屬於第五型，學習更覺察貪欲的影響，就能踏上無執的道路。在無執的狀態中，你將與所有的人生體驗重新連結，敞開心胸，學習接受所有自然發生的事物，而不再疏離或封閉。你將體驗人生的神祕和喜悅，不再需要逃避或控制一切。你學會不再保留自己的能量，或是把過去的經驗都只囤積在內心中。

以下這些步驟能幫助你更覺察自己的貪欲，並進入無執的較高層次：

- 注意你何時會想封閉內心。冒險多敞開一些。
- 注意你何時會因為貪欲而行動，但不要自我批判。問問自己，是什麼讓你無法在當下保持連結。

- 你的內心或許有一部分想要保護自己，不受到其他人的傷害或忽視。對這樣的自己抱持一些同情心。允許自己接受所有湧上的感受，而不是全數忽略；不要只是思考自己的感覺，而要真正去感受。
- 注意自己是否因為減少能量的耗費，而無法了解自己面對強烈情緒的能力。如果發現自己放棄去體驗生命的熱情，那麼請阻止自己。
- 更加覺察自己與身體的疏離，注意你是否總是自然而然地用理智去了解生命，而不是透過情緒或身體來感受。
- 覺察自己與其他人、群體和情境所保持的距離。注意你如何凡事分類整理，因而無法完整地體驗當下的一切。

人生的能量總是奇蹟般地充沛而深刻。

——Shumlosh

運用第五型的箭頭獲得成長

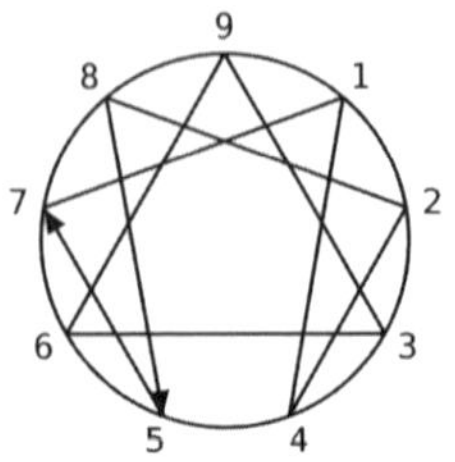

在九型人格圖中，與第五型以箭頭相連的類型是第七型和第八型。如果能整合第八型的行動力，第五型就能發展更高的能量和強度；如果能應用第七型的洞見，就能增加自己的順其自然、彈性和心胸開放。這將幫助他們得到急遽的改變，超脫關注理性而非經驗的習慣，並且蛻變成長。

- 首先，學習第八型的能力，感受自己的整個身體，而不只是活在頭腦中。深深吸氣到腹部，並專注於自己當下的身體。讓心智安靜下來，感受身體的感官。允許自己感受怒氣，將怒氣轉換為能量、力量和動力。讓怒氣成為自信心的燃料，使自己更務實也更有效率。更強而有力地體現自己的力量和權威，採取更快速的行動，平衡你注重思考的生活型態。當你對某件事物懷抱強烈的感覺時，就讓其他人知道吧。
- 接著，整合第七型的冒險傾向，讓自己的思考更靈活、有趣、快樂、自然、彈性和創意。學習嘗試更多想法，在蒐集完資料之前就先採取行動或開口表達。與其他人分享你感興趣的活動，向外開拓自我。更頻繁地社交，平衡自己的「內在」和「外在」。允許自己追求快樂，而不只是求知若渴。

財富是有能力完全體驗生命。

——大衛．梭羅（Henry David Thoreau，美國作家）

擁抱更高的層次

在蛻變之旅的第三階段，第五型開始更清楚看見哪些樣貌不是真實的自己。他們與虛假的形象脫離，開始接受並體現真實的自己。透過敞開心胸，更自由地給予和接受，不再控制能量的消耗，反而得到更多的生命力，並且活得更加熱情強烈。當他們更加精力充沛時，就能與他人、自己和生命建立更深刻的連結。

假如你覺得自己屬於第五型，那麼覺醒就包含變得更實際、簡單、直接和決斷。你會更看清楚身邊人們真實的樣子，更能同理他人，也更會思考他們的需求。假如你覺察了自己的貪欲，不再一切都想得太多，人生就會變得更美好。你將不再覺得需要保護你的空間、時間和能量。最棒的是，你可以喜悅地活著，了解就算與其他人分享自己和資源，你的能量也不會受到剝奪。你終將看見自己對稀少性的信念其實是錯誤的。

在這個階段，你將能做到一些以前不可能的事，並且持續努力下去：

- 覺得充滿活力，不再擔心如何囤積時間、能量和其他資源。
- 不再逃避人們可能對你提出要求的場合（而某些要求可能只是想認識你更多罷了）。
- 整體來說，感到更加快樂。
- 不再與情緒或他人疏離。不再在其他人面前退縮，或覺得必須躲起來。
- 允許自己感受當下身體和內心的力量。
- 更活在當下，與其他人及生命的流動都更加連結。
- 所有人際關係的品質都大幅躍升。
- 不只透過理智來了解事物，也透過當下的體驗。接受其他形式的知識，包含情緒和直覺。
- 看見你可以擁有的豐富的愛、支持和滋養，願意更敞開接受，享受與身邊在乎你的人建立更深刻的連結。

唯有親身經歷，我們才知道無執的境界有多麼困難。

——甘地（Mahatma Gandhi，印度聖雄）

第五型的美德

無執的美德是第五型貪欲激情的解方。在無執的狀態中，第五型在其他人接近並給予愛和關懷時，會敞開心胸面對自己的感覺。他們能更輕易地接近其他人，學會發自內心地行動，也更正念地活在當下。他們覺得自己和一切的人事物都有所連結，並不害怕體驗自己的身體和感受。持續與自己的生命力連結使他們更加活力充沛，生命也充滿更多的喜悅和更少的事前規劃。他們不再認為自己的能量有限，所以可以毫不保留地給予其他人更多。

當第五型進入無執的狀態（在空間、時間、能量和知識層面都如此），就能更真實地活著，並了解到自己其實不需要無所不知。他們領悟到，把大量的知識儲存在內心毫無意義。他們也發現，如果能接觸到更高層次的自我，每個人其實都能連結到直覺認知的共通資料庫，並得到所有的資訊和智慧。

無執狀態的特性是對於愛、完整和連結的體驗，與其他人和整個宇宙都相互連接。他們對無執的體驗是發於內心，而不是以大腦理解。他們與現實連結，了解到每個人都互相連結、互相依靠，本質上不可分割。這意味著他們可以停止對隱私和孤立的追尋，不再與自己的心或他人疏離，對於周遭的生命洪流也不能置身於外。他們可以更慷慨地將更多的自己給予他人。

在這裡，必須清楚區分「無執」（nonattachment）和「疏離」（detachment）的差異。無執的狀態中，內心是完全敞開的；疏離的狀態卻了無生機，只維持虛假的自我。第五型的自我會驅使他們封閉自己的情緒，斷開與其他人的連結，進入疏離的狀態。然而，無執能幫助他們覺醒，重獲生命力，鼓起勇氣更敞開接受真實的感受和人際連結，不再害怕承擔不了或感到空虛。

假如你覺得自己屬於第五型，以下行動能幫助你對抗貪欲的激情，並在通往無執的道路上向前邁進：

- 你會希望某些人給你愛、關注與照顧，但要克服對於得到不夠的恐懼。

• 不再期望從其他人身上得到什麼，但是不與他們疏離。完全敞開地接受更真誠、互相的交換。
• 帶著直覺和敞開接近他人，不要只用大腦，也用心和直覺，才能完全體驗情緒和感官上的互動。
• 活在當下，完整體驗發生的事和身邊的人。讓自己得到充分的愛或與自己獨處，但不對生命的體驗封閉自我。
• 願意敞開接受生命帶來的一切，不試圖加以控制。無論發生什麼事都順其自然，不需要事前規劃。
• 更完整地與自己的生命力連結，積極開創生命的熱情。
• 不再覺得需要展現自己的無所不知，欣然接受有所不知的謙卑，並珍惜生命中對於簡單事物的體驗。
• 不再覺得需要囤積事物或經驗。對抗自己退縮的習慣。了解雖然退縮會帶來安全感，卻也會讓生命難以圓滿。
• 勇敢敞開體驗生命自然的流動和發生的一切，面對匱乏或富足都不需要退縮逃避。

假如我們恐懼地緊握著自己擁有的，就永遠無法發現真實的自己。

——斯里．錢莫（Sri Chinmoy，印度心靈導師）

從殭屍的狀態覺醒

對第五型來說，擁抱真實自己的關鍵就在於減少控制他人與自己之間距離（無論接近或遠離）的需求。對他們來說，這可能很困難，甚至難以達成，因為他們的自我警告自己，不應該打開心門。然而，面對陰影和痛苦就意味著超越自我的設限，達到較高層次的自我認識和尊重，並用更寬廣的眼光看待自己。

當第五型發現，自己大部分的人生實際上都錯失了與他人更深刻和自由的連結，他們就能將注意力集中在想法、情緒和感覺的分享。唯有透過完全投入並體驗這樣的連結，他們才能發展真實的自己，並了解生而為人、活在世界上，以及屬於宇宙一部分的奧祕。當他們接受了這樣的真實，就能成長茁壯，懷抱著更深刻和慷慨的靈魂與他人連結。而這會讓他們更接近真實的自己。

第五型的蛻變之路可能崎嶇難行，因為許多文化都推崇智識和個人主義、獨立性與隱私。而當第五型覺得「控制」了自己的空間和時間表，或許就不覺得有必要為了成長做出改變。然而，事實是貪欲（因為感到內在資源缺稀，而面對生命退縮的衝動）會使內心萎縮，讓生命的樂趣大幅減少。知識並不能彌補不完整人生所錯失的事物。而身為在世界遊蕩的第五型殭屍，代表只活了不到一半的生命。當第五型鼓起勇氣自我檢視，面對自己的陰影，敞開接受未知，就能從無意識的殭屍狀態覺醒，並得到真正的智慧。

第五型對於智慧有著很深的渴望。這其實很合理，因為他們主要的生存策略就是讓自己無所不知。然而，這樣的渴望使他們總是從一段距離之外觀察生命，並且用感受和體驗來換取對生命知識層面的理解。然而，當他們在成長之路前進時，才會理解智慧的真諦。而後，他們才能更敞開，深入覺察自己的身體、心智、心靈和靈魂，得到更滿足的「知」的體驗。當他們擁有了真正智慧（而非聰明）的體驗，才能領悟到真正的謙卑。而實踐謙卑之後，他們能發掘更多知識，同時也知道自己一無所知。如此一來，他們就達到了等待著他們的更高層次。

第六型

從恐懼到勇氣

不要害怕你的恐懼。恐懼存在的目的不是要威嚇你，而是要讓你明白有些事物是值得的。

——傑貝爾（C. JoyBell C.，作家）

很久很久以前，有個人名叫「六」。她天生就能讓自己充滿勇氣，卻時常小看自己，覺得不安害怕。年紀很小時，她快樂又自由，做自己想做的事，從不會想太多。她不會事先規劃，也不讓對世間危險的恐懼阻礙她享受生命。她有許多朋友，也享受學習和探索。她甚至能冷靜自信地面對各種考試。

然而，隨著「六」漸漸長大，一些經驗讓她感到害怕。她的母親曾經忘記到學校接她；一部有人被殺的電影讓她深受驚嚇；她開始發現所有的事都可能出錯，而有時候不好的事就是會發生。對她來說，世界似乎越來越危險，充滿威脅。

某天，「六」對自己的考試表現非常焦慮，想像自己每個答案都錯了而擔憂不已。因為腦海中失敗的畫面太過鮮明，使她動彈不得。而事實上，她的表現的確相當差。於此同時，她也開始對身邊的人懷抱疑心，不確定是否能信任他們。接著，又有幾次不好的經驗讓她感到憤怒，同時又感到恐懼。

隨著時間過去，「六」甚至開始懷疑身邊老朋友的動機和意圖。他們真的喜歡她嗎？接著，她對一些新朋友也產生了疑心。他們是不是要設計她？他們是不是想得到她的信任，然後對她做一些壞事？當她的恐懼和疑心日益增加，她想像一切的壞事都會發生在她身上。假如有人偷她的錢呢？假如她的父母車禍過世，留下她一個人孤苦無依？假如她的車弄丟了？她的狗受傷了？「六」因為恐懼和疑心而動彈不得。她希望像以前一樣安心又無憂無慮，但這似乎不太可能。世界的本質似乎就是危機四伏。唯一有幫助的，就是去想像所有可能發生的壞事，並讓自己確保這些都不會發生。然而，這帶給她的安全感也只是暫時的。

「六」試著面對自己看到的威脅，做好最糟情況的準備，而這成了她生存策略的一大部分。然而，雖然在想像可能會出的錯這一方面，她的想像力非常豐富，也能創造出解決的方法，但恐懼還是對她造成了很大的消耗。很快地，她所有的心力幾乎都耗費在思考恐懼成真時該如何應對。而這只讓一切變得更糟。

在這個危險的世界中，對於安全感的需要讓「六」試圖管控環境中眾多的威脅。這讓她精疲力竭，但她卻無法控制自己的胡思亂想。她必須確保自己絕對安全。安全永遠都是第一！她買了急救箱。她總是非常認真讀書，讓自己考試不再搞砸。但她的生存策略失控了。

她可以想像任何地方發生任何可怕的事，也無法停止懷疑四周潛伏的危機和身邊所有的人。她觀察這些人，尋找判斷背後動機和惡意的線索。她知道他們心懷不軌。「六」成了行屍走肉。充滿警戒心、努力工作、注重安全，但終究只是個殭屍而已。

第六型的特質

假如以下大部分或全部的人格特質都符合你的狀況，那麼你或許就是第六型：

- □你大多數的注意力都集中在風險、危機或威脅上。你允許大約兩成的實際風險占據你八成的思緒。
- □你擔心自己沒有預測到潛在的危險。你試著預測所有可能的問題，讓自己能加以預防，或是做好心理準備。
- □你自動質疑聽見的話，為反對而反對。（你讀到這一句的第一反應是想要爭辯嗎？）
- □你習慣保持警醒，讓自己檢視所有潛在的問題。這讓你比其他人更容易緊繃和焦慮。
- □你很難相信其他人，有時甚至難以相信自己。

□你試圖透過質疑發生的事，來提升肯定感。
□你試著透過想像可能發生的事再採取行動，來控制實際發生的事。
□你相信除非自己想像所有最糟的情況，否則就無法有充足的準備。
□當壞事真的發生時，你通常會感到冷靜、準備充足，或突然充滿勇氣。

假如在看完這份檢核表後，你發覺自己屬於第六型，那麼你的蛻變旅程將會分成三個階段：

首先，你會踏上自我了解之路，覺察到自己總是看見其他人看不到的潛在風險，並且提出警示。

接著，你必須面對自己的陰影，更加覺察你對安全感的需求所帶來的無意識行為。這會幫助你注意到，自己時常因為負責任或提出問題而情緒崩潰，而最壞的打算總是讓你焦慮不安。

旅程的最終階段包含了學會放鬆，相信生命，並更有自信地向前，就算感受到恐懼或面對真正的風險和威脅也一樣。

「勇敢的人並非不會害怕，而是征服了恐懼。

——尼爾森．曼德拉（Nelson Mandela，南非首位黑人總統）」

●踏上蛻變旅程

對於第六型來說，蛻變之旅的第一階段，包含了主動意識到恐懼如何帶來幻想，並影響自己的行動。這幫助他們去檢視自己因恐懼而驅動的思考模式，並不帶批判地了解到，自己花了多大的心思努力維持一份安全感或確定性，因為在他們心中，這個世界太過危險。他們開始注意到，自己對於潛在的問題總是想太多，會為了分析情勢而動彈不得。

第六型努力對世界的危險保持警戒。然而，事實是，假如你覺得自己屬於第六型，持續的警戒會使你受困於由恐懼所主宰的模式中，卻毫不自覺。你或許只覺得自己擅長做充分的準備，或是責任感十足。諷刺的是，你可能受困於自己的生存策略，為了追求安全感而焦慮不安。假如你希望在成長之路上有所進步，就必須覺察這件事，面對你對於恐懼的恐懼，學習新的方法加以克服。

第六型的關鍵模式

假如你覺得自己屬於第六型，就應該專注並覺察以下的五種習慣模式，才能在蛻變之路上有所前進：

需要安全感

注意你是否常常需要安全感，並相信如果不保持警戒，就會有很糟糕的事情發生？觀察一下，安全是否總是你的第一順位？學習覺察自己思考和感受的方式，以及不安時你會如何應對。覺得不安時，你或許會感受到內在的緊繃和壓力。這樣的壓力可能是無意識的，但你必須努力去意識到。當你設法得到安全感，試著放鬆，散發出冷靜的感覺，觀察這樣的感受是否只是暫時的，你是否會迅速把注意力轉移到下個待解決的問題上。

需要風險管理

你或許精通風險管理，也擅長隨時分析各種威脅。對你來說，重要的是看出自己如何運用想像力和智商來思考任何情境可能存在的危險，接著蒐集數據、觀察、分析、研究、質疑，並測試其他人，想要藉此對潛在的風險達到某種程度的掌控感。雖然風險管理可能在你心中造成焦慮，你卻試著透過萬全的準備來追求內在的平靜或安全感。然而，這也可能帶來反效果，使你更焦慮，因為思考可能的問題會讓你聚焦在問題上，使你壓力增加。你擅長解決問題，或許也很擅長追尋問題。

需要做好準備

你太過擔心可能發生的事，於是盡全力做好準備，試著控制各種結果。這讓你變得擅長想像各種情境，做萬全的準備，來面對可能遇到的任何問題。你或許會覺得，準備得越多，就越有安全感。然而，你或許應該觀察，總是要做最壞的準備是否會使你永遠無法完成準備，因此無法完全安心。

測試其他人或情境

你可能想要建立能夠信賴的人際關係，但在信任得以建立之前，你或許會做很多測試，想看看對方是否真的能安心信任。觀察一下，若要在資訊不充分的情況下相信某些人，對你來說是否很可怕、很不自然？你是否密切觀察其他人，想抓出言行不一致的地方？別人對待你的方式和他們宣稱的一樣嗎？他們告訴你的意圖和行為是否都相符？注意一下，當你自動保持戒備時，人們是否能贏得你的信任，或是去揭露背後的企圖。你可能很自豪，能夠看穿瞞騙的行為或虛偽的人格。你在信任方面的警覺，可能意味著試圖發現別人的惡意，有時甚至想像出根本不存在的問題。

與權威發生問題

假如你屬於第六型，那和一般人相比，你更容易與權威發生問題。注意一下，你是否對權力非常敏感？假使如此，那你和權威之間的問題可能有幾種不同的形式：你或許會質疑權威者，要花很長時間才能信任他們。你或許一開始會為了受到某位權威人士的保護而與其建立信任關係，但之後卻心生懷疑。你或許會反抗權威，扮演對立的角色。注意你是否常常為了保護「底層」的人或目標，而對抗權威。你或許有時候會擔心，太過相信某個權威是否會對安全造成威脅。你可能自己會避免扮演權威的角色，對於領導的地位也感到很不自在。

在鼓起勇氣離開海岸前，你不可能游向新的視野。

——威廉．福克納（William Faulkner，美國作家）

第六型的激情

恐懼是驅動第六型的激情。作為第六型的核心情緒驅動力，恐懼是面對可能發生的壞事時，內心「動搖」的狀態，並且無法忍受不確定性。和其他人相比，第六型或許更容易恐懼，因為他們面對未知時，總是專注地預期並準備面對任何可能的威脅。

當然，每個人都會感到恐懼，而每個人害怕的事物也都不同。然而，第六型經歷的是更廣泛性的恐懼，且他們會不斷追尋，直到找到恐懼的源頭為止。事實上，對他們來說，恐懼其實比造成恐懼的人或情境更早發生。第六型實際上會把恐懼投射到環境中不同的人事物上。他們感受到各種不同類型的恐懼，有些恐懼甚至不是基於特定的源頭或成因。他們甚至會害怕感受不到恐懼，舉例來說，他們會害怕未來有某些自己還沒看見的危險。

第六型的恐懼可以說是一種持續的心理狀態，而不只是特定時刻造成特定行為的情緒而已。他們大部分的恐懼都沒有具體的源頭，也不是經歷了特定的真實事件；大多數時候，恐懼來自主觀認定某些事可能會發生。更甚者，他們可能不覺得恐懼是恐懼，只覺得自己特別擅長做萬全的準備。對每個人來說，驅動自己人格的激情通常都是最難發覺的，必須付出努力才能覺察其帶來的影響。因此，第六型或許不會把自己的驅動力當成恐懼。於是，恐懼漸漸變成習慣，他們也越來越難放鬆。他們的挑戰是覺察並感受自己的恐懼，而不是逃避，並且相信自己有能力控制恐懼。

對第六型來說，恐懼會產生焦慮，並伴隨著持續的情緒和身體緊繃，也可能導致自信心不足。假如你覺得自己屬於第六型，恐懼或許會影響你對現實的觀點，讓你難以下決定，或是持續拖延。然而，隨著你越來越熟悉自己的恐懼，就能夠開始培養在恐懼中前進的勇氣。當你越覺察自己的恐懼，並決心不讓恐懼阻礙你，就越能夠展現出較高層次的勇氣。

假如你屬於第六型，以下是你必須覺察的恐懼形式，如此才能在覺醒的道路上向前邁進：

- 叛逆型思考：反對其他人說的，甚至抗拒自己的想法。
- 用言語來表達每件事的不確定性或因果關連：「假如」、「因事而異」。用問題來回答問題。

- 拖延，持續產生懷疑（包含自我懷疑），因而延誤了自己的行動和成功。
- 預測壞事會發生，讓自己誤以為能掌控情況。
- 好事發生時，感到驚訝或擔心，預期壞事會發生（等待「不測風雲」）。
- 偵查危險。視線水平移動。身體緊繃。
- 過度有責任感，堅決要解決各種問題。為了證明其他人值得信任，而對他們加倍忠誠。
- 為了排除不確定性而想像多種情境，但這在現實生活是不可能的任務。
- 熱愛解決問題，總是想找問題來解決，也都能找到。

> 長遠來說，逃避危險或許不如直接面對來的安全。恐懼的人遭遇危險的機率就和勇敢的人一樣高。
>
> ——海倫．凱勒（Helen Keller，美國作家、教育家、社會運動家）

運用第六型的側翼獲得成長

在九型人格圖中，與第六型相鄰的兩種類型是第五型和第七型。如果能結合第五型的冷靜和理性，第六型在面對恐懼時就能舒緩焦慮，變得更客觀；結合第七型的自然和正面，就能緩和他們過度擔心和謹慎的傾向。這幫助他們超脫對恐懼的狹隘視野，變得更加寬闊全面。

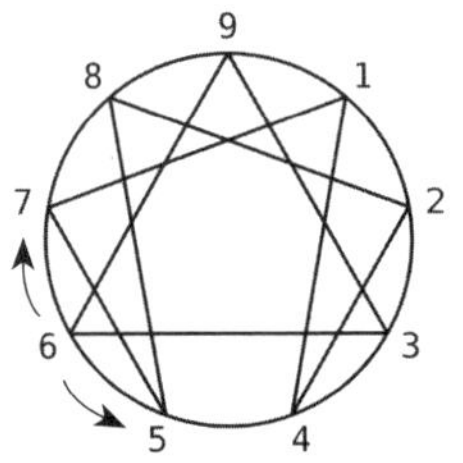

- 首先，有意識地學習第五型的冷靜，用更寬廣、較不情緒化（恐懼）的觀點來看事物。這可以幫助你降低焦慮的程度，更深入檢視資訊，較中立地判斷事物的真偽。更客觀地檢視能佐證或破解你想像中情境的證據，看看你的恐懼是否必要。不再對外在的世界投射你的恐懼，相信自己有權也有能力判定什麼是真實的。享受扮演權威（或「專家」）的角色，對此也感到更安心，好好掌握和你的學識興趣相關連（或是可能令你害怕）的資訊。
- 接著，整合第七型的優勢，更積極向外發展，探索這個世界，追求更多快樂，變得更隨

心所欲。允許自己保持輕鬆的心情，放鬆，放下你的擔憂或緊繃，並專注在帶給你快樂的事物上。直接採取行動就好，不必覺得需要事先準備這麼多。採取更正面的態度，比起檢視威脅，更要尋找機會。準備少一點，得到更多彈性和自信，允許自己「即興發揮」，畢竟「裝久了就會變成真的」，這是第七型會做的。

> 如果想體驗人際的連結，就必須冒著暴露脆弱的風險。
>
> ——布芮尼．布朗（Brené Brown，美國作家）

面對陰影

第六型蛻變之旅的第二階段，是覺察、接受並整合恐懼對他們的影響，以及對人生發展的形塑。這將幫助他們更接近自己的力量、自信、信心和勇氣。

在旅程更成熟的階段，第六型會理解到，他們對於安全的注意和人生可預期性的追求（他們以為是好事），實際上可能是壞事。缺乏自我意識時，他們可能會在自己也看不見的地方對自己造成傷害，卻以為自己只是採取最合理的行動。當他們忽視自己的盲點，並讓一切都陷入負面迴圈，就可能責怪無辜的路人，或是無情地批判懷疑自己。當他們不願覺察並接受恐懼對想法和行為的影響，就可能無法公正地評判其他人的動機，甚至有所猜忌，或許也意識不到自己的動機。

第六型的陰影

假如你屬於第六型，以下方式可以幫助你覺察，並開始面對自己的無意識模式、盲點和痛點：

- 辨識你的警戒和焦慮有什麼心理、情緒和生理上的表現。了解這些對你的內在成長會造成怎樣的阻礙。
- 學習辨識身體因恐懼和焦慮而導致的緊繃狀態，練習放鬆。
- 注意你的內心如何過度反應。覺察你如何因為「負面偏誤」而追尋不好的事物。試著花同樣的心力關注好的事物。

- 不要過度專注於找出風險或想像最糟的情況，而是更加注意正向的可能性。
- 列出發生在身上的好事。質疑自己「壞事一再發生」的錯誤信念。
- 更覺察自己的「自我應驗預言」（你預期壞事會發生的例子），並探索這樣的預期會如何真的實現。
- 注意自己拖延的習慣如何拖慢步調，或是限制你的發展。對於浪費的時間感到難過。
- 選擇領導的角色，不要猶豫或躲在其他人身後。接受自己的力量，而不要投射在其他人身上。學著更果決一點。
- 找出自己人生遭遇困難時，曾經勇敢、堅強、有效面對的時刻。了解自己實際上有多堅強。

> 逃避黑暗無法讓你找到光明。
>
> ——凱利．哈洛（S. Kelley Harrell，美國作家）

第六型的盲點

第六型或許會不願意檢視自己的盲點，因為他們雖然未必「喜歡」自己的焦慮，但焦慮會給他們（虛假的）安全感。他們相信，只要考慮最糟的狀況，就能幫助自己加以避免。對於保持警戒，他們或許會深深感到疲憊，但生存策略使他們無法有所鬆懈。然而，由於隨時都保持在恐懼狀態，他們無法看見尋求保護背後的動機，也就無法成長蛻變。

假如你覺得自己屬於這個類型，好消息是，如果你可以看見自己的盲點，並檢視自己的恐懼；如果你可以了解到，專注處理危機時，你逃避不願在自己身上看見的是什麼，那麼你最終將能體驗真正的勇氣和信心。假如你可以面對自己的恐懼，不再想著做最壞的打算，那麼就能大大地放鬆，不需要隨時都感到焦慮。

以下是第六型必須面對的盲點：

漸漸習慣壓力和恐懼

你是否持續感到壓力山大？你是否習慣了內在的緊繃狀態，且這種狀態帶給你的傷害多於幫助？你做每件事的動機都是恐懼嗎？以下這些行動能幫助你整合你的盲點：

- 更覺察恐懼和焦慮如何負面影響你對日常情境的認知和評估。
- 每天對自己重複說幾次：「我可以放鬆，但依然堅強並受到保護。」
- 和心理師或親近信任的朋友，談談你當下的擔憂、焦慮和恐懼，以及你面對它們時主要的策略。
- 注意是什麼阻礙你在人生中體驗到信任（對他人也對自己）。你是否害怕假如放鬆戒備，會發生什麼壞事？主要是什麼無意識的信念驅動了你的恐懼和焦慮？想像一下，如果你達到平靜和冷靜的狀態，會是什麼感覺呢？如果想達到那樣的狀態，你又必須做什麼？
- 承認當你帶著信心和果決面對未知時，你的恐懼就會消失。
- 當你又向外投射時（明明沒什麼事，卻想像不好的事在外界發生），請其他人提醒你。

看不見不會出錯的部分

雖然你擅長找出風險，但你能看見可能發生的好事嗎？你是否總是忘記曾經發生過的好事？以下這些事能幫助你整合你的盲點：

- 每次想像最糟的情況時，都思考背後的動機。在內心創造更多「最好」的情況。

- 你的信念或許是：假如能想到所有負面的可能性，壞事就不會發生。請探索這背後的「魔法思維」。（譯註：magical thinking，指的是把兩個相近發生的事件詮釋為因果關係，卻不在意事件本身的連結。）
- 更加覺察自己害怕期待正面的事情發生，或害怕承認已經發生了正面的事情。
- 注意到自己其實害怕完全做自己。思考自己是如何抗拒進步和成功。
- 注意到對你來說，要接受自己的力量和權威有多麼困難。你可以如何更加勇敢，主宰自己的人生呢？
- 了解到如果人生的中心是恐懼，就沒有足夠的空間給其他重要的情緒，包含快樂、滿足和喜悅。

無法接受自己的力量

在人們眼中的你，是否堅強有能力，但你卻不這麼相信呢？你覺得這樣的認知差異之所以存在，原因是什麼？以下方法將幫助你整合這個盲點：

- 了解到你殭屍狀態的自我，希望你繼續覺得自己渺小、不足、沒有能力。注意你如何為了讓心裡舒服些，而逃避挑戰，不願質疑自己。

- 注意你如何將自己的力量投射在外在的權威上。
- 探索你為何覺得接受自己的能力這麼困難。為什麼你會害怕成功？想像得到自己想要的會是什麼情況、會有什麼感覺。
- 探討你拖延的理由。當你採取行動時，會感到更有信心嗎？
- 檢視你為何總是習慣聚焦在自己還不知道的事物上。了解到這其實只是拖延的策略而已。
- 告訴親近的朋友一個特定的日期，公布你最新的遠大計畫，尋求他們的支持。

> 我們最抗拒的犧牲，是犧牲自己的受苦。
>
> ——蘇非主義（Sufi，伊斯蘭教神祕主義）

第六型的痛苦

為了完全面對自己的陰影，第六型必須學習去感受他們努力逃避的痛苦。然而問題是，他們外表上看不出來在逃避痛苦。其他人或許會覺得他們負面或悲觀，但他們會形容自己是實際或務實，宣稱自己要預測可能發生的事情，才能做好萬全的準備。然而，他們持續想像最糟的情況，就代表他們難以避免某種不適。

第六型習慣沉浸在恐懼中（或是自動對恐懼起反應），這使他們承受某種痛苦，也就是來自面對危險的不確定、懷疑和不安的痛苦，卻不去質疑想像中的危險。由於他們太過執著在以恐懼為基礎的應對策略，或許沒有留下足夠的空間來感受或處理自己的痛苦情緒，例如憤怒、不安、羞恥，或甚至恐懼本身。雖然每個人對恐懼的感受程度都不同，也未必覺得自己感受到的是恐懼，但他們並不會像其他類型的人那樣逃避痛苦。

當第六型不知道接下來會發生什麼事，就會感到痛苦。未知令他們痛苦。當他們預測所有可能成真的威脅，就會感到痛苦。當他們覺得其他人粗心魯莽、言行不一，就會感到痛苦。當他們覺得自己必須隨時保持高度警戒，就會感到痛苦。而奇怪的是，好事發生時他們也會感到痛苦，因為他們擔心不好的事一定會接著發生。然而，由於他們拒絕用不同的處理策略來釋放自己的焦慮，就算意識到恐懼令他們痛苦，他們的覺察還不夠深入，也無法解放自己。他們所逃避的深層痛苦是成長蛻變必須面對的，如此才能幫助他們化解比較低階、持續存在的焦慮。然而，為了達到目標，他們就必須探索未知，並接受隨之而來的恐懼和痛苦。

假如你覺得自己屬於第六型，就必須覺察到早期人生所經歷的缺乏保護，而且最好是在安全的治療諮商情境中。唯有如此，你才能看見自己是如何一再重新經歷這些早期的事件。你必須學習忍受特定的痛苦，才能更完整實踐真正的自己。這些痛苦包含了：

- 長期以來為每個人和每件事負責的沉重和疲憊。
- 後悔自己懷疑真正值得信任的人。想想你是否曾經因為恐懼，對某人做出錯誤的評判。允許自己因此後悔，但不要自我批評。
- 對於早期人生的經驗感到羞恥，因為你曾經遭受不公的對待，或是未受到應有的保護。當這樣的情況發生在孩童身上，他們會無意識地產生自責的念頭，藉此保護某些人在他們心中的印象。因為他們仰賴那些人來生存，所以只能責備自己，而無法對保護者加以批判。意識到這一點，但努力放下，接受自己的好。
- 對於自己和世界的觀點都有所扭曲，因而感到困惑混亂。當你感受到恐懼，有時或許很難判斷哪些才是真的——你是否嗅到真正的危險，或只是想像出來，投射到外在的人事物之上。在身陷恐懼或多疑時，學習何時可以相信自己，何時則要懷疑你的結論。

• 恐懼會帶來憤怒或侵略性。根據你的子類型不同，這或許很少發生，但也可能頻率不低。更加覺察自己和憤怒的關係，學習用健康的方式加以疏通。了解到自己是否因為恐懼而產生憤怒，或是因此完全逃避憤怒。

• 因為責任感、鮮明的想像力或沒辦法相信自己的能力，於是產生自我懷疑。這種自我懷疑的本質其實是恐懼：害怕生命、害怕實現自己的一切潛力。允許自己深入探索你的自我懷疑，包含其來源、展現方式、對你的影響和後果。讓自己有意識地去感受它，這樣你就可以學會以有效的、具自我意識的方式來處理和管理它。

• 早期的受困經驗可能帶給你恐懼。允許自己加以探索，好好面對發生過的一切和自己的感受，接著借鏡自己對內在力量的體驗，努力超越過去的陰影。

• 你很少留空間給人生的快樂、滿足或喜悅，因為你的時間都花在威脅和風險之上。

唯有允許自己脆弱，你的心才能感受到真正的喜悅。

——巴布．瑪利（Bob Marley，美國歌手）

第六型的子類型

若能了解你的第六型子類型，可幫助你更精準地面對你的盲點、無意識傾向，以及隱藏的痛苦。每個子類型的模式和傾向，會因為所依賴的三種生存本能而有所不同。

自保型

這個子類型溫暖而友善。他們用柔軟仁慈、毫無侵略性的外表來偽裝自己的恐懼。他們把恐懼視為分離焦慮，於是試圖吸引強大的保護者和盟友，讓自己更有安全感。他們的恐懼蠢蠢欲動，近乎病態，總是逃避危險（而非對抗）。三個子類型中，他們經歷最多的懷疑和不確定性，對別人的信任也超越對自己的。他們很害怕生氣，也時常猶豫遲疑。他們提出最多問題，但不會回答任何一題。

社交型

這個子類型面對恐懼的方式，是尋找理想的權威。他們認為，保持安全的方式就是遵循這個權威（可能是人、系統或任何理念）所定下的規則。他們通常很負責任、守法、知識淵博、有效率，並且需要遵守特定守則才能有安全感。對他們來說，不確定性和模稜兩可都等同於焦慮。他們會展現出混雜了恐慌和「反恐慌」（用自身力量對抗恐懼）的行為模式。他們眼中的世界非黑即白，沒有灰色地帶。

（一對一）性欲型

這個子類型比較容易正面衝突、個性強烈而有侵略性。他們面對恐懼的反應是表現憤怒。對他們來說，攻擊是最好的防禦。他們看起來很強悍，基本上不太感受或表現自己的恐懼或脆弱。雖然恐懼會驅動他們的行為，但這通常是無意識的。他們「反恐慌」，並且會強硬地對抗感受到的危險。有時候，這會給人叛逆、冒險、腎上腺素成癮或唯恐天下不亂的印象。

第六型子類型的陰影

假如知道自己子類型特有的陰影，就能幫助我們更有效地面對挑戰。以下是每個子類型的陰影列舉。由於每個子類型的行為都可能讓人覺得相當自然而然，因此要看清並面對就會

相當困難。

自保型的陰影

假如你屬於這個子類型，你面對恐懼的方法是依賴其他人的保護。你表現出善良、溫暖、友善的外表，讓其他人不會攻擊你。為了得到安全感，你或許會想逃離令你害怕的情境。你或許會害怕別人的侵略性，對於表達自己的侵略性也感到不自在。你可能因為懷疑和不確定性而迷失。雖然你想要確信，但會懷疑一切（甚至懷疑你的懷疑），因而很難做決定和採取行動。對你來說，認同或接受自己的力量和權威通常是一大挑戰。

社交型的陰影

假如你屬於這個子類型，你通常會肩負很大的責任。你覺得自己有義務照顧其他人和群體，對於事業和權威人物懷抱忠誠，這都來自對於安全感的需求。你可能會變成有點極端的「忠實信徒」，對於權威或理念過度虔誠投入。你必須學習相信自己的權威，而不再只是向外尋求指引和安全感。當你執著於系統、理念和規則時，可能會忽視了與自身情緒和直覺更深入連結的需求。更加追隨自己的內心和直覺吧，不要只聽頭腦的。

（一對一）性欲型的陰影

假如你屬於這個子類型，那麼當你朝著風險前進，表現出力量和侵略性時，背後的驅動力其實是恐懼而非勇氣。你對其他人的威嚇其實是面對恐懼、防禦攻擊的方法。你必須覺察自己強硬外表下的恐懼，才能發展出真正的勇氣。你必須培養情緒的韌性，才能忍受脆弱的感受，並且變得更加踏實和自我覺察。為了在生命和人際關係中都更清明，你必須探索自己扮演反派、引起衝突、追求叛逆刺激的習慣。

> 讓你脆弱的事物也讓你美麗。
>
> ——布芮尼．布朗（Brené Brown，美國作家）

第六型的困境

第六型的困境源自於恐懼的激情和勇氣的美德之間的兩極性。勇氣意味著面對無法預測的未來仍繼續前進。如果能覺察恐懼的影響，第六型就能敞開心胸，嘗試新的生活方式，並學習採取果斷的行動；如此一來，他們就會感到更平靜和自信。他們不再努力想在行動前先確定一切，與自己的身體和內心也有更多連結。他們漸漸有能力離開自己的頭腦，追隨信念的引導而非恐懼。

假如你覺得自己屬於第六型，以下步驟能幫助你更加覺察自己的恐懼，並接觸到更高層次的勇氣：

- 覺察自己是否感到焦慮，渴望可預測性。放鬆下來，看看正在發生（而且可能持續發生）的所有好事。
- 當你準備執行計畫時，注意自己是否浮現壓力。注意你喜歡分析或排練的習慣，就算感到壓力，也縮短準備時間，直接進入行動。
- 對於自己需要安全感的部分懷抱同情心。面對自己感受到威脅時所經歷的情緒。
- 覺察自己何時因恐懼而行動，但不要自我批判。更有意識地、緩慢而冷靜地呼吸。回到當下，而不要去想所有可能發生的壞事。
- 覺察到過度思考潛在的問題和危險時帶來的疲憊感。刻意允許自己放鬆，並好好感受這樣的放鬆。

- 更專注於自己的身體。參與一些身體的運動，把注意力轉移到身體上，讓自己更活在當下，也更有自信。
- 下次，如果你害怕做某件事（或是猶豫不決），感受你的恐懼，然後敦促自己前進。如果這太困難，可以請朋友推你一把。當你前進時，體驗一下勇氣是什麼感覺。

勇氣並非無懼，而是對抗恐懼、戰勝恐懼。

——馬克．吐溫（Mark Twain，美國作家）

運用第六型的箭頭獲得成長

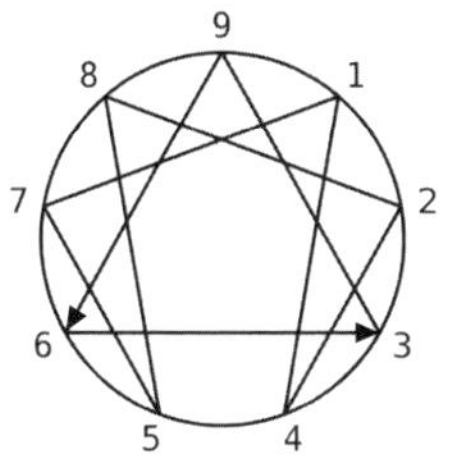

在九型人格圖中，與第六型以箭頭相連的類型是第九型和第三型。如果能實踐第九型的健康特質，放慢步調與人連結，接著整合第三型的行動力，就能大幅成長，不再執著於危機和風險，並專注於拓展行動力，不需要凡事都做足百分之百的準備。

- 首先，有意識地練習第九型放鬆的能力，放慢步調，與身邊更多人建立連結。更深入傾聽他人，允許自己相信他們的動機良善。扮演房間裡最隨和的人，看看自己感覺如何。花些時間從事讓你活在當下的活動，感受自己的身體並提升體力。感覺到腹部支撐著心臟，讓心平靜下來。透過你的身體來更完整地感受情緒。離開你的大腦，隨波逐流，配合其他人的安排而不提出任何質疑。
- 接著，學習第三型的能力，毫不拖延地採取行動。為自己列下一些目標，專注得到你想要的結果。接受並相信自己的效率和能力。更常宣傳推銷自己，讓自己因為正面的特質和成就而得到認同。想想怎樣讓自己看起來更棒，而不只是解決潛在的問題。練習放下對成功的恐懼，「做就對了」！更接觸自己的情緒，並感受對於前進的熱情，而不再受困於恐懼之中。

> 成功不是結局，失敗亦不會致命，重要的是繼續前進的勇氣。
>
> ——溫士頓．邱吉爾（Winston Churchill，英國前首相）

擁抱更高的層次

在蛻變之旅的第三階段，第六型將了解到，自己可以學習更冷靜自信，同時仍讓事情往正向發展。他們驚訝地發現，他們可以感覺到內在的堅強，而不需要擔心，世界也不會天崩地裂。這樣的堅強來自離開大腦，進入內心和身體。當第六型學習汲取情緒和直覺的智慧，以制衡大腦的活動時，他們就能打破焦慮和懷疑造成的思考模式。他們漸漸了解到，沒什麼好怕的，也不需要控制所有潛在的危險和威脅。他們學會相信一切都能順利，即便不順利，也不會立刻憂心忡忡，而是從中得到智慧。

假如你覺得自己屬於第六型，在旅程的這個部分，你將能做到以前絕對辦不到的許多突破，並且繼續努力：

- 用本能的信心來對抗恐懼。
- 更相信其他人，不需要太多的測試和懷疑。相信自己，更自然地接受自己的能力。
- 不再凡事都想太多，也不再假設各種可能的情境。
- 辨識直覺和投射的不同：前者是你放鬆並正確預測將發生的事，後者則是你感到緊繃，並想像不好的事即將發生（實際上卻不會）。

- 傾聽自己的感受和直覺，跳脫負面的思考循環。
- 更輕鬆、自然、放鬆地活著，不擔心未來的事。
- 更能讓自己冷靜下來，也更快樂。
- 感受自己的力量和權威，建立信心，讓自己在必要時更輕鬆地做決定和採取行動，並對自己有更好的感覺。
- 像關注威脅一樣也關注機會。

> 一個人最棒的發現和驚喜，就是他能辦到害怕辦不到的事。
>
> ——亨利．福特（Henry Ford，福特汽車創始人）

第六型的美德

勇氣的美德是第六型恐懼激情的解方。勇氣幫助第六型對一切發生（或可能發生）的事，都能敞開心胸，冷靜並果斷地邁出下一步。他們會因為更高層次的需求或意志而繼續前進，不再需要陷入「戰或逃」的反應。他們對自己應對任何挑戰的能力充滿信心，相信自己和世界，不需要在前進之前想像未來的低潮困境。他們完全為自己的生命負起責任，知道自己可以面對一切。

勇氣是恐懼的相反，面對生命的一切都保持敞開的心胸。勇氣代表著在不確定中前進，在害怕時仍採取行動。勇氣會幫助第六型用更健康的方式面對恐懼，並指出一條清楚的嶄新道路。當他們了解到自己多麼勇敢時，焦慮就會轉化為單純的能量。他們記得曾經發生最壞的事，並充滿力量和韌性地面對未來。他們記得自己曾經在危機中仍保持冷靜，也了解到自己當下或多或少展現了勇氣。因此，現在的他們無論身處何方，都可以有意識地喚起這樣的勇氣。

假如你覺得自己屬於第六型，你可以學習對抗伴隨恐懼而來的習慣模式，並領悟到自己真正的勇氣不可限量。下面行為將幫助你發現自己的力量，並發自內心更完整地活著：

- 停下心智的活動，「做就對了」，沒有什麼比當下更好的時機。
- 當你感到恐懼，還是要繼續前進，不要因此猶豫。你可以害怕，但不要讓恐懼阻礙你。

- 在內心（和你的體內）找到安全感，不要因為焦慮而退縮。
- 注意你內在的現實，活在當下，不要一直回想過去的傷痛。
- 接受其他人正向的回饋，以及對你的堅強和穩定性的認同。
- 重新擁有你的內在力量和權威。
- 練習冥想，學習如何放下源自於恐懼的偏頗思考。
- 在諮商治療的情境中談論你的焦慮，藉此好好面對，（根據證據）檢視是否符合現實，然後放下焦慮。
- 帶著堅強、信任和信心面對新的挑戰。注意（並記得）當你發揮了自己的力量時，一切都很順利。

> 害怕只是感受，而勇氣是你的作為。
>
> ——愛瑪．唐納修（Emma Donoghue，加拿大作家）

對第六型來說，擁抱真實自己的關鍵在於讓內心安靜下來。當他們清楚看見自己的想像力如何創造出不存在的問題時，就能打破這樣的思考模式，並且感受到內心更深的安全感。當他們持續注意並放下對於風險和問題的執著，就能敞開心胸，接受超越恐懼的生命是有可能的。

這或許很困難，因為自我會告訴他們，如果想要安全，唯一的方法就是找出所有可能出錯的地方。然而，當他們面對並超越限制性的信念後，就能讓內心更冷靜踏實，得到更堅強的內在力量，而這是立基在自我認識和自信之上的。他們對自己真實的樣貌也會有更寬廣的了解。

當第六型意識到，懷疑和準備都會防礙他們體驗到勇氣帶來的平靜，他們就能學會將意志和專注力集中在幫助自己放鬆，感受自己真正的力量。當他們看穿了負面思考所帶來的空洞威脅，就能更關注可能發生的事，並堅定相信自己有能力得到最好的結果。讓自己平靜下來，好好相信自己後，他們就能朝著未知前進，實現自己真正的潛能，並發現整個宇宙都聯合起來幫助他們成功和快樂。當他們接受並發揮自己真正的力量，就能完全轉化自己的心情和觀點，並為世界發揮他們的創造力。

雖然第六型和其他類型一樣，都必須面對陰影，但他們蛻變覺醒之旅的後期可能會比預期的更快樂平靜。他們或許會經歷到更大的解放，因為他們不再沉溺於困難中，也不再需要逃離。第六型的生存策略聚焦在發現問題，因而無法避免地感到痛苦。在殭屍狀態，第六型不斷覺得自己必須找出所有潛藏的問題和威脅；然而，當他們覺察這樣的心態如何阻礙他們向上發展，他們就能感受到真實的自己，享受放下防備所帶來的如釋重負，並重新擁有他們用在控制恐懼和壓力的能量。

第六型通常相信謹慎就等於智慧。這個錯誤的假設會強化自我限制模式對他們的控制。然而，當他們終於臣服，並接受自己不可能控制一切，就能在面對生命發生的每件事時，都擁有足夠的力量和勇氣。當他們不再擔心即將發生或可能發生的事，才能在當下放鬆。他們漸漸有能力順應著生命，而這是真實自己與生俱來的權利。假如想像的問題真的出現了，他們也能用天生自然的勇氣去面對。當第六型學會相信時，無論當下發生什麼事，他們才能更完全了解自己天生的勇氣，而這通向了信心和更高層次的自我認識。

第七型

從渴切到清醒

沒有通往幸福的路，而是幸福本身就是一條路。

——釋迦摩尼

很久很久以前，有個人名叫「七」。「七」天生就充滿好奇心，並且有著追求更高智慧和喜悅的美好能力，深深渴望一次專注於一件事，發掘其中的美麗本質。「七」喜歡把全部的心思都集中在想要學習的事物上，並且得到深入的了解。

然而，某天當「七」專心觀察在腿上爬行的蜜蜂時，牠卻叮了他！「七」哭了出來，四處尋找可以安慰他的人。他試著把這件事告訴父親，希望得到安慰，但父親正因某件事生氣，叫他滾開。於是他去找母親，但母親正在忙，說她沒有時間聽這種不重要的事。這樣的回應讓「七」更加痛苦，幾乎無法承受。

「七」對痛苦的經驗並不多，而他也不喜歡痛苦。因此，為了逃避這種不愉快的感受，他退縮到自己的想像中。他開始想一些令他興奮的事，例如看著天空飄過的雲或和好朋友一起玩。事實上，「七」發現自己很擅長想像有趣好玩的事。隨著時間過去，只要受到痛苦的威脅，他都能輕鬆將注意力轉移到快樂的事物上。一旦開始出現快樂之外的感覺，他就會想一些讓自己快樂的好事。當他看見不快樂的人，就會好奇他們怎能讓自己如此。明明可以想一些令自己好過的事，為什麼還有人要選擇難受呢？

隨著時間過去，無論周遭發生什麼事，「七」都漸漸有能力讓自己快樂。無論生命中發生什麼事，他總是能想一些快樂的事，或是想像自己身在更好的地方，來逃避難過或不快樂的感覺。接著某一天，他最好的朋友搬走了，而他內心很小的一部分開始感受到失去的痛苦。然而，在清楚意識到痛苦之前，「七」就開始想著自己即將有時間去認識更多朋友。他會繼續過日子，為何不呢？想著有趣的未來新朋友，「七」又再次快樂起來。然而，他不了解的是，這種快樂是很表面的，有時候甚至只是單純的逃避，而不是真正的喜悅。這不是他年輕時感受到的純粹的快樂。

「七」不知道，有時候感受痛苦是很重要的，即使這種感覺並不好。從他追求愉悅的觀點來看，他不懂為何有些情緒經驗雖然無法令我們「快樂」，卻因為真實的本質而帶給我們豐富和滿足。有時候正因為我們允許自己體驗痛苦，才會知道真正的喜悅。對「七」來說，他的確愛他的朋友，也會很想念對方；而感受這樣的痛苦其實是個看見愛，以及愛所伴隨著的悲傷的機會。

然而，由於「七」自動逃避痛苦，也就在沒有意識到的情況下逃避了愛。因為逃避痛苦，隨時都想要快樂，他最終無法面對許多真正的感受。他不再有能力感受到真實的喜悅，因為這種喜悅來自每次專注於一件事（包含他的感受），並享受真實的事物。「七」變成了行屍走肉。活得快樂又追求樂趣，但終究只是個殭屍而已。

第七型的特質

假如以下大部分或全部的人格特質都符合你的狀況，那麼你或許就是第七型：

□你大部分的心力都投注在有趣的活動、新奇的想法和未來的可能性上。
□你主動參與有趣或好玩的體驗，擔心自己會錯過什麼樂趣。
□你總是讓自己擁有開放的選擇、尋找冒險機會、保持自由狀態，來避免可能帶來不適的情境。
□你習慣產出正面的想法和計畫，讓自己專注於未來的可能性。
□你追求沒有限制的生命，不希望受到其他人事物的牽制。
□你追求平等，不喜歡階級，因為討厭別人告訴你該怎麼做，所以也不喜歡命令別人。

□你極度樂觀，相信未來總是一片光明。
□你興趣廣泛，是通才而非專才。
□你很難面對生命中的痛苦和受苦經驗。

假如在看完這份檢核表後，你發覺自己屬於第七型，那麼你的蛻變旅程將會分成三個階段：

首先，你會踏上自我認識之路，覺察你的習慣模式：總是專注於正向的事物，讓你能（無意識地）逃避痛苦。

接著，你必須面對自己的陰影，了解到你會無意識地選擇不覺察特定的情緒和經驗，因而必須依賴其他選項讓自己分神，避免受困於不好的感受或情境之中。

最終，你將發現該如何進入更高的層次，培養隨時接受生命一切事物的能力，並且與生命建立更深刻的連結，即使這意味著痛苦。

> 最重要的事莫過於享受你的人生，活得開心，這是最重要的。
>
> ——奧黛莉．赫本（Audrey Hepburn，知名演員）

踏上蛻變旅程

對第七型來說，蛻變之旅的第一階段，包含不自我批判，也不合理化地覺察到他們對於快樂投入多少心力，無論發生什麼事都追求快樂。他們應當注意到自己為了維持正向的心情，如何快速地切換注意力，如此卻使他們無法專注於任何可能帶來負面感受的事物。這可能會使他們的快樂變得很表面，而無法帶來真正的滿足。

第七型的關鍵模式

身為第七型，你或許會覺得沒有必要質疑自己對快樂的專注。然而，保持好心情的需求或許只是面具，遮掩了你對於活在不確定的當下，以及自由可能受到限制的焦慮。你或許會想逃離生命中令你覺得無味或不適的面向，因此讓自己分神不去注意當下的體驗。這麼做背後更深的原因，可能是害怕陷入無法脫逃的負面感受中。好消息是，假如你可以學習承受更多不適，痛苦或許並不如你想像的糟，甚至可能在對比之下，讓美好的事物更加美好。

假如你屬於第七型，蛻變成長之路就從更加覺察這五個習慣模式開始吧：

需要多重選項

你或許會注意到，你需要許多的選項（或行動方案）。重要的是，你必須注意到自己是否在每個方案一出問題，就立刻跳到另一個方案。你或許會注意到，為了避免不適或不夠好的結果，你可能在最後一刻突然改變方案。你或許會因為某些自己也沒有完全意識到的恐懼，而不想在生命中受到任何限制。你傾向吸引那些可能會對你造成限制的人，從而使他們卸下武裝。

專注在快樂

你通常會沉溺於愉悅中，或是優先重視可能會讓你快樂的事，有時卻帶來意料之外的負面結果。你對於樂趣或愉悅的追求，或許是因為害怕被困在無止盡的痛苦體驗中。雖然你沒有意識到，但你對快樂經驗的關注，或許是為了掩蓋對於任何痛苦事物的逃避（與這種恐懼相關）。你或許會把某些經驗過度理想化，並貶抑其他經驗，藉此合理化自己對於快樂經驗的選擇，以及為何放棄一些不那麼快樂的體驗。

合理化對正面事物的專注

應當注意到你是否時常對自己說故事，來支持自己的想法或計畫。你可能總是有好理由支持你想為自己做的事。你可能會自動產生藉口，解釋你的優先順位（和追求）為什麼是好的。你否認受苦難過的意義，藉以強化對正向事物的執著。這種習慣性為自己的行為、想法和感受找藉口的傾向，說好聽一點就是「合理化」。對於第七型來說，合理化是一種防衛機制，幫助他們解釋為何把自己的快樂、正向結果和計畫，看得比任何事物都還要重要。

避免痛苦

問問自己，你的人生劇本是否以快樂為基礎。注意你是否自動將負面重塑為正面，並且「往好的一面看」，從正面的角度解釋一切。你或許會讓心情保持振奮，專注在帶給你快樂的事物，避免負面感受。這或許是無意識中避免任何痛苦的策略。觀察一下，你是否沒辦法覺察自己對於痛苦的恐懼，或是很難敞開心胸來面對痛苦的情緒。你可能找不到理由說服自己，感受痛苦也可能是件好事。然而，避免負面感受的同時，你可能只能活得很表面，而無法深刻體驗當下發生的一切。

避免困難的處境

你或許會不假思索地逃避痛苦，並同樣逃避人生或人際關係中的困難處境。在人際關係中，我們都會面對挑戰和問題，而面對這些會使人際的連結加深。然而，你必須注意到自己是否因為不想面對問題，而不得不將人際關係維持在最表淺的程度。在面對問題時，你或許會想「輕描淡寫」，不直接清楚地面對，甚至是全然逃避。對你來說，重要的是必須觀察自己是否如此，而這樣的習慣是否帶給你許多問題。

如果你想要快樂，就快樂吧。

——列夫．托爾斯泰（Leo Tolstoy，俄國小說家）

第七型的激情

渴切是驅動第七型的激情。作為這一型人格的核心驅動力，渴切使他們追求無限度的歡愉、嘗試各種經驗，並敞開接受無限的可能性。

渴切（譯註：gluttony，原意是暴飲暴食）不只是對於飲食上的過度放縱沉溺，也涵蓋了其他諸多面向。渴切會驅使第七型想要體驗人生的所有可能性，並且逃避任何潛在的限制。他們盡力讓自己能縱情於各種享受，滿足即刻的需求（包含心理層面）。他們的心智通常運轉迅速、積極而忙碌，毫不間斷地產出各種有創意的想法和計畫。然而，如果想要有所成長，第七型必須平息自己內心對娛樂的過度追求。當他們開始看見渴切所帶來的缺點，才能放慢步調，更深入地好好體驗每個經驗。

第七型很可能會受到其他事物的干擾，而無法專注在人生真正重要的事物上。舉例來說，他們有時候可能會決定嘗試新的方法，因而犧牲比較有希望達到好結果的舊方式（或許是比較平凡無奇的方式）。比起專精於單一領域，他們可能寧願有多元的工作經驗。當他們漸漸精通某件事，有時就會強烈渴望再跳到下一件事，因為他們害怕無聊。對他們來說，堅持同一件事可能不容易，而在得到更多元的機會之前，他們可能會坐立難安。

假如你屬於第七型，就必須更加覺察以下渴切表現，才能在覺醒之路上向前邁進：

- 努力不錯過任何機會和可能性。
- 同時參與多元的興趣活動、一心多用，或是不斷轉換注意力。
- 用正向的角度看待事物，重塑負面的經驗，逃避看起來無趣或不好的事物。
- 很容易因為新的、刺激或有趣的事物而分心，也就是所謂的「新奇事物症候群」（shiny object syndrome）。
- 同時談論多個主題，不斷快速轉換話題。
- 覺得驚奇、興奮、振奮或活力充沛。
- 迫切想要追求快樂或特定的冒險，或是轉換跑道到比較有趣的事物上。
- 在不同的事物間找到連結，進行「跳脫框架」的思考。
- 想像未來的發展，而無法專注於當下。沒辦法完成自己起了頭的事。

好奇心是一種渴切，眼觀即是品嘗。

——雨果（Victor Hugo，法國文豪）

運用第七型的側翼獲得成長

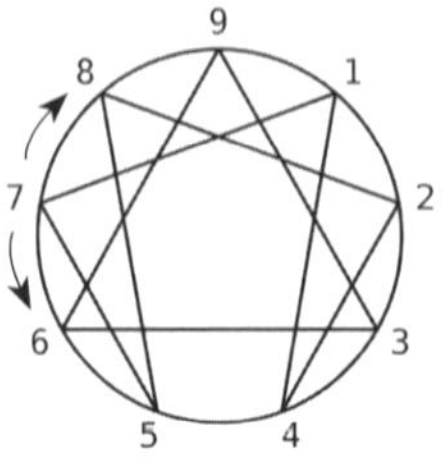

在九型人格圖中，與第七型相鄰的是兩種類型第六型和第八型。如果能學習第六型接受並表達不完美的能力，以及第八型採取果決行動的能力，第七型就能超越習慣模式，不再輕易分心、過度樂觀。

- 首先，學習第六型的習慣，更加注意沒有貫徹計畫行動時的風險，也更注重每個細節。覺察內心的恐懼或擔憂，這將幫助你好好完成每一件事。反思你是否只維持表面的人際關係，並且以真實的感受為基礎，負起責任、展現忠誠，深化你對於人際關係的投入。好好面對可能無法避免的困難對話，努力修復你曾經逃避的問題，負責任地把一切妥善解決。

- 接著，整合第八型的能力，更清楚地判斷事物的優先順位。不再投入無法為生命帶來意義，或是無助你達成目標的活動。檢視你必須面對的既有問題，而不要只探索新的可能性。更直接地採取行動來解決問題，就算很困難也不要逃避。務實一點，完成所有該完成的事。努力實踐一、兩個好點子，而不要只是不斷產出新的點子。先完成最重要的事，而不是你最喜歡的事。溝通時要清楚、直接、果決而肯定。練習負責任，向前邁進而不是心有旁騖。

沒有人能逃避痛苦、恐懼和受難。

——艾瑞克．格雷滕斯（Eric Greitens，美國政治家）

面對陰影

第七型蛻變之旅的第一階段，在於覺察、接受並整合逃避壞事、專注於好事的習慣。第七型必須學習到，唯有敞開內心接受痛苦，才能得到真正的快樂。而當他們開始覺察從前沒有意識到的習慣，並領悟到執著於正向事物（他們以為是好事）實際上可能是壞事，他們才能成長。當他們缺乏自覺時，就會不由地逃避困難的事物。然而，如果想要脫離行屍走肉的狀態，他們必須面對自己對於痛苦的逃避。

當第七型忽視負面訊息或不舒服的情緒，他們就看不見更深入體驗困難感受和情境的價值。如此一來，他們也就錯過了某些經驗的豐富果實，因此困在最表淺的生命中。假如當下的情境無法滿足理想和期待，他們就可能變得失望甚至憂鬱。在這階段的旅程中，他們必須鍛鍊自己的能力，好好面對困難的感受或不願承認的事物，並且不再逃避存在已久的問題，而是尋找更成熟的解決方式。這對第七型來說可能格外困難，因為這意味著要去面對他們對痛苦的恐懼；但唯有如此，才能擁有更深刻勇敢的人生。

第七型的陰影

假如你屬於第七型，以下方式可以幫助你覺察，並開始面對自己的無意識模式、盲點和痛點：

- 檢視你的渴望，看看觸動的源頭是什麼。雖然每個人都需要感受到快樂，但假如因為沒有意識到的恐懼或悲傷，而太過依賴快樂的感覺，可能就會導致成癮行為。
- 觀察一下，你是否用故事或其他型態的知識來誘惑他人，幫助自己合理化問題、逃避不適感或維持自由。
- 檢視你討好或讓人放下心防，以避免問題或衝突的方式，是否有時有效，但長遠來說卻可能讓問題深化？
- 面對你內在的「悲觀主義者」。雖然你外表看似樂觀，卻必須覺察並接受自己內心某個部分的信念：假如不努力保持正向（凡事看光明面），就會永遠困在不好的感覺中。
- 注意你是否相信，假如允許自己看見痛苦帶來的限制，痛苦就永遠不會消失。
- 問問自己，當你對某件事失去興趣後，你做該事的品質是否就會下滑。
- 覺察如果在最後一刻都保持開放的選項，是否會讓你時常違背承諾，因而讓其他人失望。
- 了解到你對於即時滿足感的追求，或許源自於對痛苦或限制的焦慮。
- 檢視你自我指涉（self-referencing）的習慣，也就是把注意力主要集中在自己的需求和欲望上。注意這可能會使你失去同理心，無法支持其他人。

智慧來自痛苦，勇氣來自恐懼，堅強來自受苦。

——艾瑞克．格雷滕斯（Eric Greitens，美國政治家）

第七型的盲點

第七型或許不願意檢視他們的盲點，因為他們習慣逃避與痛苦情緒或任何負面事物相關的經驗。他們主要的生存策略使他們在面對不適感時，自動搜尋逃生路線。然而，對他們來說，重要的是覺察到快樂的表象之下，時常出現的不安或焦慮等感受。他們通常會拒絕面對可能帶來恐懼或悲傷的事物，將注意力放在正向的機會和事物的光明面。他們可能會裝出無憂無慮的形象或自信，來隱藏這樣的逃避（以及隨之而來的焦慮）。更甚者，他們的渴切可能會使他們只渴求愉悅的體驗，在不知不覺中阻礙了成長的道路。

然而，假如你覺得自己屬於第七型，還是有些好消息。假如你願意正視自己的盲點，並感受隨之而來的任何痛苦，就能變得更成熟，並更輕鬆地處理深層的感受。第七型或許很類似「永遠的孩子」（eternal child）這樣的原型，用各種方式拒絕長大。因此，假如你屬於第七型，重要的是銘記在心：面對痛苦時若能發展出信心和韌性，你就會有所收穫。你也不會如你所擔心的，失去享受人生、追求快樂的能力。而你選擇去面對的痛苦，將會在帶給你訊息之後就消失。

身為第七型，你必須更加覺察以下習慣模式和盲點，才能有所成長和蛻變：

逃避問題

遭遇挑戰時，你是否會轉移注意力到別的事物上？當你發現問題的存在時，是否會選擇逃跑、轉移注意力，或是想用偷吃步的方式解決？以下步驟將幫助你整合這個盲點：

- 每天都花一些時間處理問題，無論你感覺如何。確保你該做的都做了。完成後，再做些有趣的事，讓你的自我願意接受這個模式。
- 與諮商師或信任的朋友談一談，你在至今的人生中都如何轉移注意，不願面對問題。注意你是否感到抗拒，不願完全坦誠，而是想要找藉口或洗白。
- 面對困難或你認為「無聊」的事物時，注意你是否容易分神，問問自己為什麼。你是否害怕處理它們會發生什麼事？現在處理它們會帶給你什麼益處？處理完之後你會有什麼好的感受嗎？

- 覺察那些讓你覺得問題比實際上更糟的想法或感受。另一方面，你是否仍堅持宣稱問題並不存在？
- 承認你在面對特定的困難問題時需要幫助，並請別人引導你度過這個難關。
- 更深入地反省你在逃避挑戰的同時，也逃避的情緒。

逃避責任

你是否逃避責任，同時又合理化自己的逃避？你是否對事件創造出虛假的說法，想掩蓋你害怕自己可能犯的錯？以下步驟將幫助你整合這個盲點：

- 每當你試著粉飾太平，想減輕自己的責任時，請反思背後的動機。
- 更覺察自己逃避責任時所堅持的正向說法。問問自己，這是否是在隱藏你對於失敗的恐懼。
- 注意你是否很難面對一些成人的責任，因為覺得它們很煩瑣、無趣或綁手綁腳。你或許有一點「彼得潘」情節，想當個「永遠的孩子」。

- 注意你是否渴望讓其他人分攤你的責任，甚至超出合理的範圍。
- 請其他人在你合理化或找藉口來逃避責任時提醒你。注意並忍受隨之而來的感受，請他們幫助你面對現實。
- 對自己和信任的人承認，你會在事情發展不順利時，自動想逃避責任。當你成功讓自己負起責任，其實感覺也挺不錯的。

無視痛苦和負面的訊息

你是否只專注於讓你感覺良好的事物，而逃避感覺不好的？你是否追求帶來愉悅的事物，卻沒有意識到自己在逃避某些事物？你是否自動把負面事物重新塑造為正面的？你是否有時就是對負面的情境「視而不見」？以下步驟將幫助你整合這個盲點：

- 觀察一下，你是否覺得很難面對或討論任何負面的事物？是什麼阻礙你去接受讓你感覺不太好的真相？
- 更加覺察你如何透過專注於好的感受，來保護自己不必體驗痛苦。深入反思你不願面對任何困難情緒的原因。

- 注意你是否曾經因為不願意面對痛苦、焦慮、悲傷或恐懼，而導致情況惡化。承認當你把某些事物判定為「無趣」或不舒服，並感到嫌惡時，其實是在逃避負面的情緒。
- 觀察你是否總是只看到好的一面。你是否即便察覺了負面資訊的存在，仍然堅持只看到光明面？
- 覺察你是否想要改善一些事物，卻不願意先真正看見出問題的地方。
- 當結果不如預期時，你是否很難真的感到失望？有意識地練習讓自己失望。

> 合理化只是當我的靈魂發現問題時，心智卻想要找藉口。
>
> ——布魯斯・伊蒙・布朗（Bruce Eamon Brown，體育教練）

第七型的痛苦

心理學和性靈學告訴我們，當我們的人生只追求快樂時，通常無法得到滿足（或甚至更糟）。接觸痛苦通常代表我們能感受到更多喜悅，因為痛苦和喜悅時常是一體兩面的。當我們逃避負面情緒時，可能會加深正面的感受；但我們都必須敞開心胸來面對痛苦，才能讓生命完整，因為情緒反映了真實自己的重要面向，讓我們更加了解自己。

當第七型決定面對自己的痛苦，就能更加踏實和平靜，也能得到真正的快樂，而不再只是帶著焦慮的表淺愉悅而已。若想要如此，他們就必須承認兩個關鍵的需求：需要尋求幫助，以及需要足夠的時間，然後相信痛苦不會是永久的。

假如你覺得自己屬於這一型，請記得每個人都會經歷痛苦。當你允許自己感受痛苦，就能學會忍受，並且感覺更好。更棒的是，你不會再因為逃避痛苦，而創造出更多痛苦。為了加速療癒和成長，請慢慢學會體驗下列痛苦感受：

- 潛在的焦慮，擔心自己被困在不愉快的情緒經驗中，無處可逃。你是個脫逃大師，你擅長把注意力從不舒服或負面的情緒上轉移，並專注在好的感受上。然而，如果你能面對這樣的恐懼，就能比較輕鬆地面對其他痛苦感受，而不再害怕。
- 害怕受到限制。你應當覺察自己對於維護自由的需求，並承認你不喜歡被別人命令。你或許不希望隨心所欲的自由在任何方面受到限制。注意你是否害怕受束縛，也觀察你如何避免這樣的困境。

- 害怕負面的經驗。你或許不太有同理的能力，因為你連自己的痛苦都會逃避。你或許也時常自我指涉，關注自己的內在經驗而非別人的。假如其他人試著和你分享痛苦或悲傷，你或許只會告訴他們「往好的方面看」。因為對你來說，承受痛苦很困難。然而，如果能敞開心胸接受自己的困難情緒，你就能開始與其他人建立更豐富的連結。

- 痛苦，以及對於無法承受痛苦的恐懼。你必須敞開心胸面對痛苦，否則就可能成癮於讓你逃避痛苦的事物，例如物質成癮、過度工作，或是沉溺於表淺的娛樂。應該重新將痛苦塑造為生命內在的圓滿。你必須要覺察到痛苦，才能得到隨之而來的美好經驗：與他人真正的親近、踏入未知的全新體驗，以及完全活在當下。

- 因為你不允許自己感受生命中自然的情緒，所以可能產生悲傷。然而，這些情緒遲早有一天會浮現，而你會感傷以前沒辦法感受情緒和痛苦。假使如此，就算很可怕，也要允許自己去感受。找個朋友或治療師來支持你，提醒你悲傷的痛苦不是永遠的。跟悲傷共處一陣子，看看你學到了什麼。

接受痛苦，痛苦才會消失。

——蘇非主義（Sufi，伊斯蘭教神祕主義）

第七型的子類型

若能了解你的第七型子類型，可幫助你更精準地面對你的盲點、無意識傾向，以及隱藏的痛苦。每個子類型的模式和傾向，會因為所依賴的三種生存本能而有所不同。

自保型

這個子類型比較務實，擅長尋找盟友。他們會建立起家庭般的人際網絡，並從中滿足自己的需求。他們隨時保持警戒，尋找享樂的機會和划算的交易。他們是開朗多話的享樂主義者，是所有子類型中最容易自我指涉的，同理他人的能力也最弱。

社交型

這個子類型在乎其他人，並且會無私地犧牲自己，因為他們傾向於小心不要利用機會為自己謀利。他們的渴切源自於對良善純粹的追求，因此通常會專注於可以減少世間痛苦的工作。他們會投入可以減輕痛苦的專業領域，專注於集體的福祉，並抱持著烏托邦的觀點，熱情地期望更好的世界。

（一對一）性欲型

這個子類型是理想主義者，夢想著更美好的世界。他們或許難以接受平凡的現實，所以活在想像的世界中。他們通常很快樂且過度熱情，因為他們眼中的世界比實際好上許多。他們喜歡做夢幻想，甚至有點天真，帶著「玫瑰色」的濾鏡看世界。他們時常著迷於一些點子或人物，可能有點好騙，容易受到其他人的意見、興趣和能量所影響。

第七型子類型的陰影

假如知道自己子類型特有的陰影，就能幫助我們更有效地面對挑戰。以下是每個子類型的陰影列舉。由於每個子類型的行為都可能讓人覺得相當自然而然，因此要看清並面對就會相當困難。

自保型的陰影

假如你屬於這個子類型，就必須觀察自己是否是機會主義者，有時甚至會占人便宜。你或許會利用別人來圖利自己，或忽略他們的需求和感受。由於你時常自我指涉、只顧自己的利益，可能會把自己放在一切之前，而這是自私的。大多數時候，你看重大腦勝過內心，或許不太能覺察自己和其他人的情緒。若要有所成長，你就必須了解到自己有多少行為是為了私利。

社交型的陰影

假如你屬於這個子類型，通常會保持善良、謙虛而犧牲奉獻的形象，但這背後可能隱藏著無意識的自傲情結，讓你覺得自己比別人更好（也更無私）。你為了減輕別人的痛苦而付出，但可能是為了逃避自己的痛苦，同時也證明自己的良善。你會用很誇大的方式幫助他人，但動機未必是無私利他的，反而可能是因為你無法忍受痛苦，又必須當個好人（至少在別人眼中不能自私自利)。你必須學習不要幫助其他人那麼多，好好面對自己的需求和渴望，並試著自私一點。

(一對一)性欲型的陰影

假如你屬於這個子類型，你熱情、樂觀的理想主義可能會讓你在無意識中與現實脫節。你或許看不見不合你意(或是令其他人不滿)的事物。你的創意或許來自習慣性的幻想，可能使你過度樂觀正向。面對痛苦和負面資訊時，你會感到難以忍耐。你渴望看見一切事物的光明面，這意味著其他人能很輕易地影響你。然而，你逃避現實的方式可能會造成真實的傷害。

> 最痛苦的事，就是在太愛某個人的過程中失去自己，忘了自己其實也很特別。
>
> ——厄尼斯特·海明威(Ernest Hemingway，美國作家)

第七型的困境

第七型的困境源自於渴切的激情和清醒的美德之間的兩極性。清醒是內心感受滿足、專注在單一事物上的能力。對於第七型來說，如果能覺察到對於歡愉和多元變化的渴切，使他們錯過了多少東西，就能領悟到渴切激情的核心：蜻蜓點水般度過人生，逃避更深刻的投入和參與。一旦更了解渴切帶來的影響，他們就能學會對比較不重要的事說「不」，並一次只專注在一件事物上。他們將更沉靜，也更活在當下。

假如你覺得自己屬於這個類型，以下步驟將能幫助你更加覺察自己的渴切，並朝著更高層次的清醒邁進：

- 注意你是否在判斷某個活動為「無聊」後，感到焦慮並想要停下。深呼吸幾次，感受你的身體，讓心冷靜下來。假如你留在當下，你的經驗將會是中性的，而非索然無味。
- 當你對某件事感到「興奮」時，試著用冷靜來平衡你的熱情。興奮會觸發或導致渴切。
- 找出能幫助你專注的活動，並多從事這樣的活動，盡量減少會讓你分神的活動。
- 逐漸停止用動作、聲音、想像和其他導致你加速和分散注意力的經驗，來過度刺激自己。對你來說，少一點其實更好。

- 練習回想起人生困難的時刻。花更長的時間來回憶，不要把這些回憶重新定義得更簡單或輕鬆。
- 列出你人生中未完成的活動或計畫。鼓起勇氣在今天完成其中一項，或是下個星期也可以。

運用第七型的箭頭獲得成長

九型人格圖中，與第七型以箭頭相連的類型是第五型和第一型。

如果能努力實踐第五型關照內在、專心深入單一活動的能力，接著整合第一型的踏實和紀律，就能得到兩種劇烈的變化，幫助你超越一心多用、只想著未來規劃和可能性的習慣模式。

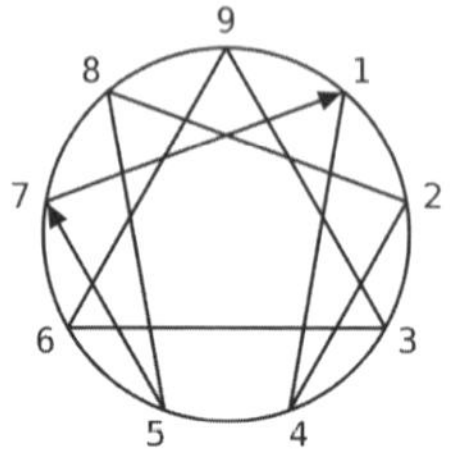

- 首先，學習第五型更關注自己內在發生的事。除了創新之外，也專注於更深入地學習一些東西。除了對外在世界的興奮刺激外，也更專注於內心的運作。練習更關注內在，變得更安靜也更冷靜。學習享受一次只專注於一件事情。成為專才，而不要「梧鼠技窮」。做事時練習更專一、更深思熟慮、更客觀。

• 接著，練習整合第一型的踏實和活在當下。學習專注在最重要的單一事物上。對於該做的事要更仔細選擇，不要被五花八門的事興奮得沖昏了頭。不要同時處理太多任務，只要開始進行就一定要確實完成。加強你的專注力和責任感，以及準時和品質。著手進行計畫時，培養自己更務實、注重細節的能力。

> 如果想逗神開心，就把你的計畫說給祂聽吧。
>
> ——蘇非主義（Sufi，伊斯蘭教神祕主義）

擁抱更高的層次

在蛻變之旅的第三階段，第七型會記起活在當下時，生命所帶來的平靜和美好。他們學會完全經歷當下的一切。他們張開雙臂迎接發生的所有事，並不會加以評判，也不再為了確保自由，而抗拒天生的內在智慧。事實上，當第七型努力達到這樣的境界，就會發現生命很奇妙，會帶給他們最重要的成長機會，即便這意味著面對挑戰和困難。當他們超脫了殭屍模式，就能把生命的挑戰視為學習的機會，帶來難得卻也更深刻的喜悅和滿足。

覺醒的第七型會記起自己是誰，並放慢本來急促的步調，開始用比較悠哉的節奏活著。他們也不再訂定各種計畫，或是覺得必須逃到內心世界或想像中的未來。他們學會不再為了以前認為神奇的事興奮過頭，對於以前恐懼的事也不再那麼猶豫不前。他們仍然會表現出天生的創造力和創新思考，但不再需要為了不受限制，而快速地轉移焦點，或是吸引其他人。他們得到了新的智慧，可以接受事物真實的模樣，並對於當下懷抱更中性穩定的觀點。他們不再受限於對無趣的恐懼，知道自己隨時都能找到快樂和滿足，即便沒發生什麼特別奇妙的事也無妨。

在旅程的這個階段，第七型能活在平靜、專注、放鬆的喜悅中。他們的內心更寧靜，與內心的連結更深刻，不再害怕自己的感受，也更快樂了。他們感受到身體與世界的連結，獲得深刻的滿足。他們或許仍會做著遠大的夢，並有著自由奔放的想像力，但他們也腳踏實地，與現實緊密連結著。這幫助他們把想法化為行動。

假如你覺得自己屬於第七型，在這個階段將能辦到許多難以想像的事，而你會繼續努力下去：

- 專注在單一優先的重要事物上，並因此感到快樂。
- 不再那麼關注自己可能錯過的事物，而專注於當下的際遇。
- 放下你的「心猿意馬」，更平衡也更放鬆。
- 完成你的任務，並因此感到滿足快樂。
- 不再焦慮地想像人生的可能性和歡樂，一次只專注一件事，並從頭到尾地好好享受。
- 對其他人更有同理心，建立更美好的人際關係。
- 不帶恐懼地歡迎所有的情緒，知道這些情緒都會過去。完整感受所有的情緒，相信自己有能力體驗後放下。
- 除了好的事物，也注意不好的事物，了解到兩者都能教導你許多。

當你忙於訂定計畫時，人生就這麼過了。

——艾倫．桑德斯（Allen Sounders，美國作家）

第七型的美德

清醒的美德是第七型渴切激情的解方。清醒和渴切相反，是內心有能力專注於單一的重要事物上，並因此感到深刻的滿足。清醒幫助第七型從頭到尾完整經歷單一事件，並感到快樂。在這樣的情境中，清醒意味著減少不必要的動作，漸漸鎮靜下來。在清醒的狀態中，第七型將抗拒對心理刺激的分心追求，並對其他人和事物都投入得更多。他們會變得更嚴肅認真，不再過度快樂，但仍然是快樂的。在覺察渴切如何影響自己後，清醒的美德讓第七型有了清楚的努力目標。

假如你屬於第七型，以下步驟能幫助你在清醒的道路上更進一步：

- 一次專注於一件事。
- 練習冥想。
- 敞開心胸接受任何升起的情緒。不要逃避痛苦，好好面對感受。
- 更感受自己的身體，不要太焦慮躁動。
- 抱持更成熟的心態，了解到即時的快樂並不如長遠而有意義的付出和努力。

- 追尋更深的真實體驗，而不只是享樂而已。
- 放下「及時行樂」的原則，追求長遠真實的滿足。
- 少說點話，少做點事，不要讓自己和他人從專注當下中分心。
- 放下自己的渴望，專注於更真實、切身相關且長遠的需求。
- 追求理性、情緒穩定和踏實的自信，而不被衝動和幻想給宰制。

只要能做到專注與簡單，你就能力動山河。

——史蒂夫．賈伯斯（Steve Jobs，蘋果公司創始人）

從殭屍的狀態覺醒

對第七型來說，擁抱真實自己的關鍵在於接受現實，不再活在自己的想像中。這個世界充滿問題和痛苦，或許難以面對，而自我又不斷告訴我們，如果把事情想得更正向一點，就能過得快樂一點。然而，當第七型面對盲點和痛苦，就能超越他們逃避不適或限制的衝動，並更加認識和尊重自己，看見自己的所有感受和可能性。

當第七型開始擁有更滿足而真實的體驗，不再活在想像之中，就能感受到前所未有的生命力。他們會體驗到美好深刻的身心合一，而不再只是表淺的情緒而已。他們活在當下，而不再迷失於思緒、夢想、雜念或幻想之中。對他們來說，蛻變成長一開始會很艱難，有時會害怕人生的意義或許就是受苦受難；然而，隨著投入於內心的改變，他們會發現一切都是值得的，他們是值得的。他們將得到意想不到的回饋，更平衡也更活在當下，體驗到全新的快樂。他們與自己的內心和靈魂重新連結，得到真正的喜悅和最深刻的快樂。他們體驗到活在當下的豐富，並快樂地在現實中冒險，接受生命真實的樣貌。

當第七型從「快樂殭屍」的狀態覺醒，他們將有超乎想像的體驗，並更加活在當下，也更加專注。他們將能夠一次只享受一件事，並從頭專注到最後。隨著他們越來越認真負責，他們也會感覺越來越好（這出乎他們的意料），並從每次體驗中得到最深的滿足。當他們學會分別日常的快樂和真正的喜悅，就能在痛苦和喜悅中得到滿足，也享受人生所帶給他們的一切。

第八型

從欲望到純潔

忍一時之氣，免百日之憂。

——中國諺語

很久很久以前，有個人名叫「八」。初到人世時，她是個細膩甜美的孩子，就像所有的孩子一樣非常純真。她精力充沛，總是看見別人最好的一面，也渴望學習世界上的一切。

然而，在人生早期，「八」經歷了需要保護的狀況，卻沒有人可以照顧她。有時候，即便她比同齡的孩子都還要聰明有能力，有些事卻還是無法靠自己來完成。生活中比她大或比她有能力的人很多，但似乎都沒有注意到她需要被照顧、傾聽或餵養。有幾次，當大孩子傷害她時，沒有人發現弱小的她需要受到保護。

因此，「八」在吃足了苦頭後學到，她必須要照顧自己。假如沒有人願意照顧她，那麼這就是她自己的工作。她必須要長大，越快越好（太快了）！就算她還很小，也必須要堅強，必須有力量。有時候身邊的人會發生衝突，沒有注意到她很害怕。因此，除了長大、堅強和有力量外，她也必須勇敢無畏。

「八」天生就精力充沛，因此不出多久，就完全有能力保護自己了。她變得很堅強，也學會如何照顧自己，有時也會照顧別人。她學會變得讓人懼怕，而不再擔驚受怕，而且她做得很好。其中一項幫助她堅強的特質，就是她生氣的能力。每當別人做了她不喜歡的事，她都能很快地生氣。怒火就像能量那樣充滿她的身體，而雖然她並不是每次都計畫（或想要）生氣，但怒火對她幫助很多。憤怒幫助她更勇敢無畏，也更讓人懼怕。而展現出驚人的氣魄和怒火，更能幫助她好好照顧自己。

漸漸的，「八」甚至不會注意到自己沒有受到預期的保護，因為她不再覺得自己孤苦無助。唯一的問題是，有太多事都令她憤怒。而某個角度來說，她喜歡生氣，或至少並不介意。事情自然就變成這樣了，特別是當她需要別人的幫助，卻沒有人在身邊，或是比較年長的女孩察覺她的力量，而霸凌她的時候。

很快地，「八」甚至不會注意到沒有人支持她，因為她可以支持自己。她不需要任何人。她夠堅強，而其他人似乎都比她脆弱許多。別人告訴她，她有時太有侵略性，會讓人害怕，但她其實無意如此。有時候，人們會在她踏進房間時離開，或是在她大聲說話後閉上嘴。她不確定那些人有什麼問題。為什麼其他人不能像她一樣堅強？軟弱的人讓她生氣，而怒火讓她覺得自己堅強又充滿能量。然而，當看見軟弱的人受到不公平或惡劣的對待時，她也會在對方需要協助時，發揮自己的力量伸出援手。

偶爾，「八」會覺得有一點寂寞。她發現當自己是情境中最有力量的人時，其他人可能會不願意親近她。雖然她不理解原因，但事情就是如此，而她大多數的時候都可以接受，因為她通常可以得到自己想要的。她只需要裝出可怕的樣子，嚇嚇幾個人就好。她並不在乎別人是否喜歡她。她失去了天生的敏感細膩，因為細膩和堅強有力無法並存，而她需要力量才能照顧自己。

很快地，「八」發現她沒有辦法平息自己的怒火，沒辦法變得不堅強或軟弱。不過她也不需要如此，因為她不再敏感天真了。敏感天真會讓她想起自己渺小無力、沒辦法保護自己的時候。堅強有力要好多了。她總是知道該如何處理每件事。為什麼要放棄自己的力量，再度變回那個害怕的小女孩？有時候，她會覺得有點寂寞，因為沒有人和她一樣堅強；有時候，她會覺得有點難過，因為從來沒有人照顧她，她必須照顧每個人。然而，她會感受自己的能量和力量，並且很慶幸自己有足夠的能力。沒有任何人事物可以傷害她，這似乎是件好事，但她有時還是覺得很難受。

「八」成了行屍走肉。強大、所向披靡、難以親近，但終究只是個殭屍而已。

第八型的特質

假如以下大部分或全部的人格特質都符合你的狀況，那麼你或許就是第八型：

□你通常給人武斷且直接的印象。
□你擅長快速果斷地採取行動，有時甚至很衝動。
□你大部分的專注力都用在維護公平正義，並努力以真理和秩序作為行事準則。
□當你生氣時，很難克制自己的反應。
□你重視誠實、直接和真誠。你實話實說，也用同樣的標準要求別人。對你來說，「所見即所得」（what you see is what you get）。
□你有許多能量，喜歡面對重大挑戰；面對困境時，你不會退縮。
□雖然你會說自己不喜歡衝突，但必要時你也不會逃避。
□有時候你做事會太過激進，例如過度工作、暴飲暴食等。
□對於你在乎的人，你充滿保護欲。
□你在做事時會想表現你的力量和實力，並盡量避免露出弱點。

假如在看完這份檢核表後，你發覺自己屬於第八型，那麼你的蛻變旅程將會分成三個階段：

首先，你會踏上認識自我的旅程，看見自己如何透過力量的展現，來逃避自己的脆弱。

接著，你必須面對自己的陰影，覺察自己對於暴露弱點的恐懼。這將幫助你看清自己展現力量、行動導向的行為模式，同時也培養感受基本情緒的能力，例如恐懼、悲傷和不安。

旅程的最終階段包含了學習看見並體驗自己的脆弱，以及天生的敏感細膩。這會使你更柔軟、心胸開放，也更容易親近。

> 脆弱不是弱點，而是勇氣最大的憑據。
>
> ——布芮尼．布朗（Brené Brown，美國作家）

踏上蛻變旅程

對第八型來說，蛻變之旅的第一階段，就是注意到自己如何試圖控制其他人，或是把自己的意志強迫施加在他人身上。有意識地覺察這樣的行為模式能幫助第八型注意到，自己投入了多大的心力在控制這個世界，以及追求公義，有時甚至插手與他們並無直接相關的事務。這讓他們覺得自己無法放下內心的戒備，也不能展現任何弱點。當他們了解到，這都是出於他們想展現強壯的外表，並保護自己（和其他人），他們就能在成長之路上更進一步。

第八型的關鍵模式

假如你覺得自己屬於第八型，那麼踏上旅程的第一步，就是專注於更加覺察以下五種行為模式：

控制一切

在工作和私人生活中，你或許一向都扮演正式或非正式領導者的角色，卻不知道為什麼或怎麼做到的。雖然你很可能覺得自己不一定要主宰一切，但當你感受到權力真空時，就會立刻補上。這是因為身為第八型，你天生就有領導的才能。你天性勇敢而果決，讓你朝著領導人的位置靠近，可能是其他人的希望，也可能是你想確保有能力的人得勢。你或許會想要指揮情勢，而且可能採取有技巧而自信的方式，或是專斷蠻橫的風格。

參與衝突

面對其他人的意見或行為時，注意你是否很輕易就表達反對。感受到其他人的無能、不公平或錯誤時，你很難默不作聲或袖手旁觀。觀察一下，你是否總是想要立刻反映你看到的問題，而不停下來思考適當的用字遣詞或手段。當你希望推進某件事，或是消弭不公義時，你可以毫不猶豫地發起衝突。這樣的傾向會使你對抗既有的權威，或是質疑、破壞規則。這可能會讓其他人覺得你很難相處、個性激進或專橫。然而，這也可能是你表現自己在乎的方式，甚至反映出你面對重要事物時欠缺自制力。事實上，你可能透過衝突來建立與其他人的信任。

主動採取行動來面對不公不義

觀察一下，你是否內建了偵測不公不義的雷達，或是天生就喜歡快速採取行動。你或許在內心深處相信，面對世界所有的問題時，你有責任帶來公平正義。思考一下，這是否反映了你對力量展現的需求——你不由自主地展現力量，而不公不義的事讓你耿耿於懷。你也必須注意到，自己在這麼做時是否常會「忘了自己」，也就是自動扮演超級英雄的角色，卻沒看見這可能對你帶來什麼負面的影響或威脅。

維持高強度

對你來說，要保持平衡、謹慎和周到可能很困難，因為你天性衝動誇大，容易做過頭或不受控制。你在做事或表現自我時，可能會很急切，面對人生則抱持著「全有或全無」的態度。注意一下，中庸對你來說是否很困難，你是否會比其他人更熱情或極端，卻不知道背後的原因或目的是什麼。探索你和急切之間的關係，問問自己，假如降低強度，人生會發生什麼事呢？

追求復仇

注意一下，當你不喜歡其他人的作為，認為他們犯了錯、不公平或造成傷害，你是否會思考該如何回應。觀察一下，你是否為了否認自己的敏感，於是對其他人展現相對應的侵略性，卻沒有完全意識到這會對你造成傷害。你必須了解到，復仇有許多形式，而你或許無法分辨健康的憤怒和復仇的侵略性之間的不同。檢視自己為何對你認為做錯事的人採取行動，就算你合理化，認為自己的行動很巧妙低調或微不足道也是。注意你的復仇是否有時比較不張揚，而是細水長流式的。想想你內在的衝動所為何來。

「欲望可悲而軟弱，在我們耳邊細語呢喃；相對的，扼殺欲望之後，我們得到的是豐富而精力充沛的追求。

——C. S. 路易士（C. S. Lewis，英國作家）」

第八型的激情

欲望是驅動第八型的激情。作為第八型的核心情緒驅動力，欲望就是過度，也就是熱切地過度追求各種刺激。欲望特別指的是透過生理或感官的經驗來追求過度的滿足，但未必和性有關連。

對第八型來說，欲望也代表他們對於滿足自己的渴望感到迫切或沒有耐心。他們不喜歡等待、協商或受到限制。對於任何想要限制或控制他們的人，他們都會感到不耐煩、表現強硬或叛逆。當他們生理、情緒和知識追求上的歡愉和滿足受到限制時（無論是食物、享樂、性或甚至工作方面），他們就會強烈抗拒。他們會形容自己是「認真工作，認真玩樂」，而這也反映了他們貪心的性格。他們面對情緒的策略，是對抗權威，並確保自己可以完全掌握人生。然而，這也可能使他們太過於干預主導其他人的人生。

第八型展現欲望的方式很廣泛，包含深深喜歡某個人或事物，或是完全不喜歡。他們或許會把時間全部投注於某個活動，或是完全不願嘗試。他們或許會很大聲說話，或是非常小聲。他們可能幾乎不睡覺，或是總是在睡。某些過度的行為看似「無害」，例如對於某件事興奮異常，或是在發現自己侵略性太強之後，感到懊悔，就變得極度冷靜或退縮。

欲望也會驅使第八型變得急切，很難放慢步調或減少工作量。這也使他們很難調節自己的能量或努力，並且會反映在他們強勢的溝通風格上，更讓他們快速果斷地行動，而鮮少先停下來思考片刻。他們做得太多也太快，不給自己足夠的休息時間，也否定自己的疲憊。他們「全有全無」的人生態度會促使他們做出當下帶來快樂的事，但這是來自對於立即滿足感直覺的追求，為的是填滿永遠不可能填滿的空洞。

第八型受到欲望的驅使，追求過度，很容易失去調節控制自身行動或耐性的能力。欲望的影響可能讓他們過度信任他人，願意相信每個人都像他們一樣真心誠意。

假如你覺得自己屬於第八型，以下是你必須注意覺察的欲望呈現方式，如此才能在覺醒蛻變的道路上更進一步：

- 因為權力而起的紛爭；希望用自己的意志力來追求或修復公義。
- 過於直接的溝通，有時對方甚至會覺得被冒犯或缺乏同理心。
- 用副詞提升語氣的強度、用大寫的字母加強語氣、說話帶髒字，或使用表現迫切感或熱情的語言。
- 對事物過度肯定，包含你的決策在內；認定你的真相就是真相。
- 激怒他人、違抗規定、反抗權威或常規。
- 身體與其他人接近，密切的眼神接觸。
- 接近別人時，自動散發出能量；別人會覺得你「氣場強烈」。
- 比起巧妙或抽象，更喜歡實際或具體。
- 總是充滿能量、生命力和韌性。

當回頭是合理的選項時，代表你在進步中。
——溫德爾．貝瑞（Wendell Berry，美國作家）

運用第八型的側翼獲得成長

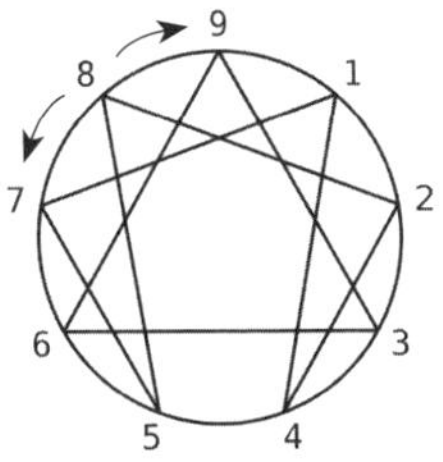

在九型人格圖中，與第八型相鄰的兩種類型是第七型和第九型。第八型如果能學習調控他們的能量和強度，運用第七型的魅力和輕鬆，並且整合第九型的適應力和隨和，就能克服他們的強勢和堅持己見。這將幫助他們超脫對於權力的需求，並開拓他們的視野。

• 首先，學習第七型的特質，降低自己的強度，試著用更享受的方式與其他人相處。想辦法讓你的人際互動更有趣，並學習用更輕鬆的態度看事物。練習讓自己多幾分玩心，在溝通時多幾分幽默，讓自己變得柔軟。考慮採取更創新的心態，而不是總是充滿肯定或魄力地向前衝。努力更理性、更充滿想像力，而不要總是行動導向。更常分享你的自身經驗和夢想，讓自己比較平易近人，人際關係上也抱持更敞開的心胸。

• 接著，學習第九型傾聽他人的能力，確保他們覺得被聽見。真心盡力考慮他人的觀點，而不是堅持對自己的看法充滿信心。真正思考其他人說的，讓他們的建議影響你的計畫。不要總是當領導者，練習當個跟隨者。更有同理心，更注意其他人的需求，讓自己的計畫符合其他人的益處。溝通時要更加圓滑和理解對方，以避免衝突。

> 唯有在黑暗中才能看見繁星閃爍。
>
> ——馬丁．路德．金恩（Martin Luther King Jr.，美國民權運動領袖）

面對陰影

第八型蛻變之旅的第二階段，是看見、接受並整合自己比較柔軟的情緒和弱點。如果能學會接受並更重視自己的脆弱，他們就能在旅程上更進一步。

接受自己的脆弱需要很大的力量。當第八型意識到自己專注實現目標時，常常聽不見其他人的意見或看不見他們的影響，他們的自我覺察就會提高，並看見自己不是想像中堅強、勇敢的捍衛者，反而侵略性太強、目中無人，讓人難以接受。當他們表現得太過強悍強勢，就會看不見自己的社交互動造成的影響和反感；然而，當他們面對這些陰影，就能正面看待自己的敏感，並了解到脆弱其實可能是通往喜悅和快樂的道路。

第八型的陰影

假如你屬於第八型，以下方式可以幫助你覺察，並開始面對自己的無意識模式、盲點和痛點：

- 具體向其他人自我揭露。你可能覺得，真正值得信任的人不多。你要花不少時間才能信任其他人，而假如他們背叛你，你會無法原諒。這或許就是你逃避自身脆弱的原因。給自己一個挑戰，冒險對你信任的人敞開心門，或許也多相信其他人一些。
- 專注在其他人的優點上。你的處事風格或許比你願意承認的更銳利、更批判性。你或許沒有意識到，自己總是先起衝突再找理由。不要在他人身上直覺地尋找自己無法苟同的特質，而是更樂觀地看待他們能帶給你的一切。

- 覺察到自己維持強人形象所帶來的精疲力竭。不再否認欲望對你造成的消耗，好好照顧自己。允許生命決定你的行動，而不再強勢主導一切。
- 不再習慣性對抗你覺得冒犯你（或其他你在乎的人）的人。這樣的習慣或許源自於報復心態，但你卻會合理化，認為自己是為了正義而戰。應當為了和平而努力，而不是引起戰爭，就算你相信自己是為了好理由而奮鬥也是。
- 面對重要的情境事件時，請其他人給你一些真實的回饋。如果你太輕易相信自己的第一印象，就可能面臨犯錯的風險。多質疑自以為是（或太過天真）的想法，不要總是覺得只有自己是對的。
- 不再過度保護生命中的人，也不過度付出。假如你覺得其他人脆弱或軟弱，他們可能無法發展自己的力量。而當你把自己的脆弱投射到他們身上，作為否認它的一種方式時，就是在逃避面對自己的弱點。
- 當你開始比較自己和其他人的力量時，停下來自嘲片刻。不是每件事都是意志力的考驗或權力鬥爭。試著不要那麼努力鞏固自己的力量，因為當你出於習慣與他人對峙時，或許會激起沒有必要的衝突或對立。

- 在採取行動之前先停一下，注意你是否採取了「準備，開火，再瞄準」的人生態度。練習在說話或做出重大決定之前，先等一小段時間。在反應之前先散個步，特別是在你怒火中燒時。
- 學著調和你的行動和反應。你有時或許會太強勢，或是在無意中對別人造成威嚇。你可能很難看到自己的強勢所帶來的影響。面對重大的情境時，應當練習控制你的情緒和能量。

「我們所看見的一切，都是沒看見的事物所投下的陰影。

——馬丁．路德．金恩（Martin Luther King Jr.，美國民權運動領袖）」

第八型的盲點

第八型或許不希望檢視自己的盲點，因為他們覺得自己人格平日的運作沒有什麼問題，總是在掌控之中。然而，身為第八型，唯有在質疑自己是否太自以為是而無法成長後，才能展現出真正的力量（和智慧）。你的自我會讓你覺得，自己知道得最多，而且總是可以（也應該）隨心所欲，即便這意味著以力量壓制某人或強硬地推動某些事。

然而，對於第八型來說，好消息是，假如你能更謙虛開放，檢視自己不易察覺的生存策略，就能變得更柔軟，不再太過強硬而難以親近，也更容易與人建立連結。假如你允許自己看見障礙，就不會再顯得高高在上，也能讓其他人更理解你。你將能更慷慨、溫暖，並表現出對其他人的在乎。

以下這些是第八型的無意識行為模式。你必須加以面對，才能脫離行屍走肉的狀態：

否認脆弱

你是否很難察覺某些比較柔軟的人類情緒，例如難過、恐懼、懷疑、受傷和不安？你是否無意識地逃避會令你感到脆弱或軟弱的情緒？你是否相信，自己不能表現出任何弱點？而這樣對軟弱的抗拒，是否讓你無法感受到較柔軟的情緒？以下這些步驟將幫助你整合這個盲點：

- 注意有哪些情緒是你鮮少或幾乎不會感受到的。在情緒表達方面，請信任的人給你一些回饋。

- 允許自己去質疑「不能軟弱」的信念，並檢視這個信念對你人生的影響。
- 辨識並與信任的人討論你比較柔軟的情緒。允許自己體驗悲傷、受傷和痛苦等情緒，了解到這些情緒對人類來說至關重要，能幫助我們與自己的內心和他人建立更深刻的連結。
- 注意你是否逃避自己脆弱的情緒，有時甚至會為了彌補無意識的脆弱，而展現過度強烈的力量。注意你是否會為了否認脆弱而反應過度，因此無法覺察某些重要的自我面向。
- 允許自己感受任何可能的恐懼。更加了解如何正向地利用恐懼，包含藉此辨認危機和威脅。注意你是否因為不允許自己感受恐懼，而讓自己陷入沒有必要的危險處境。
- 觀察你是否抗拒自己認為「脆弱」的情緒，而不思考這對你的影響。覺察到自己實際上有多麼敏感細膩。幫助你的「內在小孩」接觸到你脆弱的部分，不要再為了展現力量而無意識地否定抗拒。
- 不斷提醒自己，唯有能感受脆弱的人，才是真正的堅強。

不了解自己對其他人的影響

你是否會讓其他人感受到煩心、難過或受傷，卻覺得自己只是想表現得誠實或熱情？你是否很驚訝，自己時常無意間讓他人感到害怕？你是否有時不了解自己真正的力量，或不知道該展現多少魄力？你是否有時不清楚自己對其他人帶來的影響？以下這些方法能幫助你整合這個盲點：

- 和其他人說話時，注意他們的反應，包含臉部表情和其他非口語的溝通方式。
- 當別人表示被你傷害時，誠心道歉。雖然道歉可能不容易，但表達悔意的能力將幫助你與他人建立更多連結，並讓你感受到在傷害某人或感到後悔時產生的脆弱。
- 請你信任的人誠實並直接地跟你說你對他們的影響。我們都必須聽見其他人對我們的感受，才能改善溝通，並達到我們想要的結果。
- 當你在人際關係中遇到問題，立刻檢視自己是否做出傷人的行為。假如別人如此告知，不要辯駁，而應當傾聽並了解事情的前因後果。
- 接近其他人時，有意識地降低自己的能量。更注意觀察自己的感受。練習控制自己的能量，想像你將能量匯集在體內並加以儲存。
- 訓練自己更常微笑，也表現得更放鬆。注意這如何影響你的人際互動。

認定自己的真相就是真相

你是否總是認定自己主觀的看法就是客觀的事實？你是否總是假定自己的對錯判斷是正確的，並以此評判（或對抗）你認為不公義的情境？你是否總是否定不符合自己看法的事物面向？你是否沒有意識到，自己的偏見可能會使你的觀點扭曲？以下這些方法能幫助你整合這個盲點：

- 問問自己，你為什麼總是相信自己知道某個情境的是非對錯，為什麼認為自己的看法是對的，其他人則是錯的。
- 更謹慎檢視自己的結論，看看自己是否考慮了所有的資訊。回顧自己的人生，是否曾經覺得自己沒有錯，事實卻不然。
- 在開口說話或採取行動之前先制止自己。更有耐心、更謙虛，仔細傾聽信任的人的看法，再思考最適合的行動。
- 允許自己更敞開心胸，接受別人的觀點具有正確性和智慧。
- 討論自己立場鮮明的主題時，問更多問題，不要過度肯定，並思考其他的可能性。
- 當你對重要的情況得到結論時，這麼問問自己：你是否試著從別人的角度思考？是否遺漏了哪些因素？是否在尚未得知全部的事實前，就太快做出判斷？

> 脆弱無關輸贏，而是在我們對結果毫無控制力時，依然有勇氣地出現並被看見。
>
> ——布芮尼．布朗（Brené Brown，美國作家）

第八型的痛苦

第八型通常會覺得自己似乎擁有無限的能量和能力，能做任何自己想做的事。他們關注自己的形象和能力，並抱持相當正向的看法，卻不了解一般正常人類的限制。然而，這是有代價的。雖然沒有意識到，但對於脆弱或限制的否認會使他們高估自己的能力，或是低估自己的人性和情緒。這意味著，他們在逃避痛苦時，可能會傷害到自己，或是被他人所傷害。雖然逃避痛苦的習慣可能會使他們人生的某些面向更有效率，卻也讓他們錯失了成長所需要的感受。

對於第八型來說，重大的挑戰就是覺察自己脆弱的情緒，並感受到壓抑在身體和內心中的痛苦。為了自我成長，他們必須讓自己更脆弱，更重視自己身體的限制，並關照內心比較柔軟的部分。當他們決定面對自己的痛苦，就是在成長和成熟之路上邁進一步，變得更健康也更完整。當他們學會表達自己的弱點，就能變得真正堅強。當他們覺察自己的敏感細膩，平衡了自己的力量，就能讓自己感受到內在的平靜和放鬆，而這是以前的他們所無法想像的。

假如你覺得自己屬於這個類型，那麼你可能在自己的「盔甲」之下隱藏了柔軟、脆弱、深刻、溫暖、無助、關懷、美麗而相當人性的自己，也就是真實的你。但你會需要信任者的幫助，才能卸除你的盔甲。這可能很困難，而你也需要再三肯定自己「我沒事」。要記得，當你主動覺察脆弱的情緒，才能展現真正的勇氣。如果想要從殭屍的狀態中覺醒，就必須讓自己感受到以下痛苦：

- 恐懼人們會利用你。如果能完全感受到這種恐懼，就能讓你更覺察自己的內心，也更能感受自己的脆弱。
- 你抗拒至今的痛苦和受傷。當你放下自己的防備，就能擁抱自己的敏感細膩，並感受積累否定至今的痛苦。當你了解到痛苦和不受到保護、支持、重視，或是受到傷害的感受相關，就能超脫對於堅強的需求。接受這樣的感受，並與治療師或親近的朋友談一談。你值得他們的愛與照顧。對自己懷抱同情心，因為你在不知不覺中，努力保護著自己的敏感。當你接受自己的敏感後，才能保護自己不受到不理解或不尊敬你的人所傷害。

- 你試圖超越人類極限，拓展自己的身體和情緒能力時，所感受到的精疲力竭。當你沒有察覺自己的極限，想表現出所向披靡的力量時，就會對身體造成傷害。
- 當你覺得自己不如以前堅強時，就會開始自我懷疑，即便你並不想再次把盔甲穿上。
- 因為不知道下一步該如何做而感到不安。這其實可能是健康的。雖然聽起來很糟，這將幫助你朝正確的方向成長。你以前的生存策略會使你相信，你可以為其他人付出更多。現在，你必須告訴他們，你不是超人。

對憤怒執著，就像喝下毒藥，卻希望其他人因此死去。

——佛家語

第八型的子類型

若能了解你的第八型子類型，可幫助你更精準地面對你的盲點、無意識傾向，以及隱藏的痛苦。每個子類型的模式和傾向，會因為所依賴的三種生存本能而有所不同。

自保型

這個子類型相當務實，實事求是，並強烈需要得到屬於自己的，滿足生存的需求。在子類型當中，他們最重視物質上的安全。他們很擅長得到需要的事物，以滿足自己的安全感。他們可能缺乏耐心，總是想要立即滿足自己的需求和渴望。他們表現得比較內斂、戒備、克制，話也不多。

社交型

這個子類型會展現出一些彼此衝突的特質。他們可能會對抗社會常規，卻又對其他人展現保護、支持和忠誠。他們會幫助他人，對抗不公義，並採取行動保護受到不當對待和處置的人們。他們喜歡團隊所帶來的力量。和其他子類型相比，他們可能看起來更圓融友善，也比較不容易發怒。

（一對一）性欲型

這個子類型比較叛逆，容易刺激他人。他們會公然反對規則，展現出個人魅力。比起其他子類型，他們較為情緒化，對生命中的其他人有著強烈的占有欲。他們展現出較高的熱情和行動，而非思想。他們會充滿活力地主控全場，喜歡手握大權地站在聚光燈下。

第八型子類型的陰影

假如知道自己子類型特有的陰影，就能幫助我們更有效地面對挑戰。以下是每個子類型的陰影列舉。由於每個子類型的行為都可能讓人覺得相當自然而然，因此要看清並面對就會相當困難。

自保型的陰影

假如你屬於這個子類型，你或許會務實過了頭，甚至到自私的地步。你很可能知道該怎麼做事，並且會在討價還價中占了別人的便宜。你以自己的生存為第一優先。你或許會為了安全感，而放棄探索人生的更多可能性，也不願對他人敞開。比起人際關係，你或許更重視金錢或其他資源的追求。你或許會在無意識中捨棄任何不合你意的感受、人、想法或制度。你是三種子類型中戒備最重的，也最難允許自己展現脆弱。

社交型的陰影

假如你屬於這個子類型，你通常會扮演「家長」的角色，照顧每一個人，卻沒發現要付出的代價。你通常會自我犧牲，忽視自己的健康快樂。當你要照顧自己，或是讓其他人照顧你時，通常都會覺得很困難。你會保護其他人，卻未受到保護，而自己也不一定會注意到此事。當你看見其他人受到權力者的不當對待，就一定要介入幫助。雖然這類拯救者的角色或許看似高貴勇敢，對你的個人成長來說卻未必是件好事。

（一對一）性欲型的陰影

假如你屬於這個子類型，在九型人格的二十七種子類型中，你對於權力的需求最為強烈。你追求控制所有的人事物。你覺得自己必須占有其他人和他們的注意力，也認為自己必須是一切的中心。你想要控制他人，也希望他們服從於你。身為第八型子類型中最情緒化的一型，你或許不會意識到，自己的行為源自於衝動和激情，也不會放慢腳步來思考自己的所作所為。

「使我們成熟的不是歲月，而是傷害。

——馬帝斯．威廉（Mateus William）」

第八型的困境

第八型的困境源自於欲望的激情和純潔的美德之間的兩極性。如果想要成長蛻變，他們就必須覺察自己壓抑的恐懼和悲傷。他們必須發現自己抗拒的深層情緒和隱藏的欲望。當他們面對並接受了這些，就能在純潔的道路上更進一步，並覺察自己的脆弱，敞開自己的心房。純潔與欲望相對，會讓第八型用嶄新的方式面對每個時刻，不再有所預期或批判。純潔會反映出內心的柔軟、平靜和溫和，不需要任何強烈的感受就能得到滿足。

假如你覺得自己屬於這一型，在蛻變之路的這個階段，你應該更覺察自己的欲望，並朝著較高層次的純潔邁進。以下這些步驟會對你有所幫助：

- 當你感到脆弱時，注意自己是否會加快步調，或是退縮孤立。觀察是什麼感覺促使你這麼做，並承認這些感覺是正常的，敞開心胸來接受。
- 允許自己漸漸感到脆弱，讓自己覺得比平常的樣子更「渺小」。
- 努力向他人溝通，表達你的脆弱，可以從你真心信任的少數人開始。敞開心胸接受他們的回應。
- 向信任的人尋求幫助或照顧。提出具體的需求。
- 注意觀察，當你真的克服困難開口求助時，心是否變得柔軟，身體也跟著放鬆。思考一下，這是否讓你無法抗拒排斥任何人，並且開始看見其他人的好。
- 檢視一下，你的憤怒背後是什麼樣的情緒，並給這些情緒更多空間。

> 當我們愛的時候，也是最脆弱的時候。
>
> ——佛洛伊德（Sigmund Freud，奧地利心理學家）

運用第八型的箭頭獲得成長

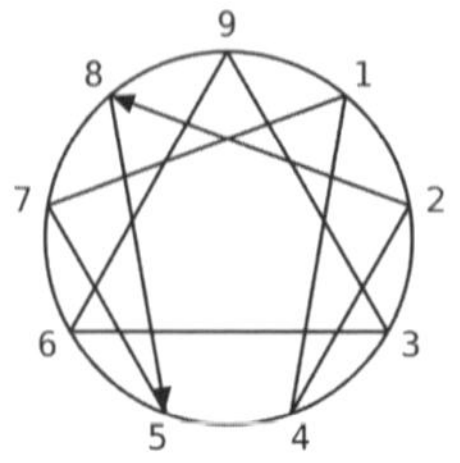

在九型人格圖中，與第八型以箭頭相連的類型是第二型和第五型。如果能培養第二型的柔軟和多情，就能變得更仁慈、更平易近人；如果能學習第五型的特質，放慢步調並克制行動，就不再咄咄逼人，而變得自制。這將幫助你大幅成長，不再過度執著於強悍和對抗不公義，並且將注意力轉向內在，取得能量的平衡。

- 首先，學習實踐第二型的特質，更關注其他人的感受，並允許自己變得更柔軟、溫和、善良、好親近。學習不要過度直白，對於自己的言詞更謹慎、更有技巧。確認自己更仔細傾聽，更常分享自己的感受，與他人建立更深的連結。關注其他人的需求，努力同理他人。讓你的計畫也符合其他人的益處。

- 接著，整合第五型的能力，在行動之前先思考。注意你是否渴望控制他人，並學習更加獨立。學習自制，不過度急切。注意力轉向內在，取得能量上的平衡。在下決定之前，先做一些研究，諮詢專業建議，以支持或反駁你的觀點。

> 比起強悍，讓自己脆弱其實更加困難。
>
> ——蕾哈娜（Rihanna，美國歌手）

擁抱更高的層次

在蛻變之旅的第三階段，第八型開始更清楚知道自己不是怎樣的人。他們記起接受自己的敏感細膩是什麼感覺，於是看見擁抱柔軟的一面的智慧。他們有勇氣表現出比較輕鬆的一面，不再如此戒備保護；他們放下武裝，不再充滿攻擊性。如此一來，他們學會用更平緩的步調生活，把自己照顧得更好，欣然接受自己的情緒，也更能同理其他人的情緒，不再只想著解決問題。他們了解到，處理情緒最好的方式就是好好經歷和感受。

奇妙的是，這反而讓第八型更堅強也更強大。當他們發現，表現出脆弱其實需要更大的勇氣，就能在成長之路上前進。而其他人也會注意到他們的改變。當他們接受自己敏感細膩的本質，就能超脫對世界強力控制的欲望。

假如你覺得自己屬於這一型，在這個階段將能辦到許多以前難以想像的事，而你會繼續努力下去：

- 更頻繁地覺察自己脆弱的感受。
- 欣賞以前忽略的細節和微妙之處。
- 更完整地傾聽他人。
- 對自己和他人都更有耐心。
- 尊重自己的極限，身體和心理上都把自己照顧得更好。
- 更體貼他人，說話和待人處事都更加謹慎。
- 減少衝動行事，不做出以後會後悔的事。

- 做事不再做過頭，學會克制自己的行動和能量。
- 更同理他人。因為覺察內在多元的情緒，而學會理解他人的感受，並建立更深刻的人際連結。

> 脆弱並不是弱點，這個迷思很危險。脆弱能催生出創新、創意和改變。
>
> ——布芮尼·布朗（Brené Brown，美國作家）

第八型的美德

純潔的美德是第八型欲望激情的解方。在純潔的狀態，第八型會放下戒備和侵略性，並且在心中找到不設防的能力。這讓他們在生命和人際關係中，都不再迫切或極端。他們能對其他人或情境做出回應，而不是激烈反應。他們變得更加正向，知道情況（和人）都不會像預期的那樣嚴苛。他們相信其他人（和自己）秉性良善，而非人性本惡。他們不再需要控制一切，或是操縱生命自然的韻律。他們了解到，如果自己不反應過激，並更向他人敞開，就不會受到攻擊。某種程度來說，他們學會放下自己的武裝，藉此也使其他人放下防備。而他們也不再受制於其他人的攻擊性。

假如你覺得自己屬於第八型，可以關注以下方向，讓自己往純潔的道路上更進一步：

- 用嶄新的方式回應發生的事。
- 不要因為過去的經驗而產生預期，像嬰兒一樣，痛苦一過去就忘記。
- 放慢步調，欣賞周圍的每個細節和變化。
- 對於人事物的體驗都更敏感細膩。
- 從情緒的層面仔細感受每個經驗。
- 真正注意到你對其他人和周遭世界的每個微小影響，學會傾聽和創造和諧。
- 控制你的能量，調整你的力量，做每件事都恰到好處即可。
- 放下你對他人防衛性的批判，也不再用任何方式批判自己。
- 不再受制於憤怒，也不再傷害他人。

> 孩提時代，我們會想像長大的自己不再脆弱。然而，成長就是接受自己的脆弱。
>
> ——麥德琳・蘭歌（Madeleine L'Engle，美國作家）

從殭屍的狀態覺醒

對第八型來說，擁抱真實自己的關鍵就在於，透過呼吸放鬆自己的身體，並且感受自己是個普通人，而不是超人般的存在。當他們更能與內在經驗（和敏感）連結，就能自然而然地節制自己的能量，不再顯得咄咄逼人。他們對他人和世界仍然可能有很大的影響力，但這樣的影響力會來自真實的力量和柔軟，並展現他們真實的自己。

在自我成長的道路上，第八型的敏感細膩會變得很美好。當他們能接受自己的脆弱，就能平衡天生的急切，並發展出更高層次的個人力量和魅力，使他們從最深刻的面向建立人際連結，並激勵啟發他人。純潔的狀態會吸引其他人接近他們，分享他們的真實，而這正是他們一直以來最希望的。

當第八型變得既脆弱又純潔時，就能在生命中得到嶄新的體驗。他們領悟到，自己不一定總是要有力量，因為其他人會支持他們。這帶給他們喜悅，讓他們接觸自己的內在小孩，並看見培養真實力量的回饋——真正的力量是能夠展現自己的脆弱。透過揭露自己的弱點，他們變得更強大，對其他人也更體貼和同理。他們放下對於公平正義的執著，並向更偉大的力量臣服，體驗到其中的快樂。當他們開始感受真實的自己，就變得更單純、輕鬆、溫暖，也能與他人更深入地交流。他們不再覺得要像殭屍那樣極端地活著，而是可以讓生命順其自然。

假如你覺得自己屬於這個類型，你的覺醒之路包含了不再需要保護自己免受不公義的傷害，不再需要武裝自己的脆弱敏感，因為在這個境界中，沒有人能夠真正傷害你。當你更了解真正的自己，就會體認到自己比想像的更細膩柔軟。你不再需要穿著盔甲。你與自己內心深處和他人的連結，都顯示你不再需要反擊或攻擊，你可以更放鬆，學會信任。如此一來，你可以更清楚地看見，每個人的內在都美好良善，也包含你自己。你終於可以允許自己的內心，以及內在的敏感細膩，閃耀光芒。你可以展現出盔甲之下所有的愛。對於第八型來說，這就像是重獲新生，學會接受、沉思、簡單、愛和感恩。

第九型

從怠惰到行動

支持他人之外，也不要遺漏了自己。

——多丁斯基（Dodinsky，美國作家）

很久很久以前，有個人名叫「九」。童年時期，他覺得自己與所有的人事物都互相連結，似乎所謂的「區隔」是不存在的。在合一的狀態中，「九」感覺到深層的平靜、喜悅和愛，一切都美好安穩。

然而，事件發生了。某天起床後，「九」覺得孤單又疏離。孑然一生讓他很挫敗，他想要抗議，想要責怪那個將他推出去的人。然而，這只讓他更加難受。旁邊是有一些人，但他們也顯得很疏遠。這種全新的孤獨感既寂寞又可怕。假如不再與周遭的世界連結，那他要如何找到歸屬感呢？

「九」想要抱怨這個新的困境，藉此與其他人重新連結，但沒有人想聽。身邊的人說話都比他大聲，內容也比他的重要。他們知道自己想要什麼，並在辯論中得到。他們似乎不在乎自己的疏離，而爭論只會使距離增加而已。他們似乎不在乎「九」想要說什麼。「九」試著說更大聲、更強烈地抗議，但沒有人注意到。一陣子之後，「九」放棄了。假如沒有人要聽，他不如回去睡覺，至少睡夢中還有一些安慰。

「九」持續睡著，試圖找到安慰。然而，疏離的感覺沒有消失，他越來越擔心自己會不會永遠被疏離。他想知道，疏離感是不是代表他有什麼問題，因為其他人似乎都沒那麼在乎。接著，他發現如果不再尋求人們的關注，如果設法讓自己轉念，他似乎會覺得好很多。

「九」嘗試了不同的方法來模擬他失去的連結，希望能找回一些歸屬感。他交了一些朋友，盡可能達成他們的期待。他試著融入，試著忘記自己的渴望，只關心別人的需求，希望能擺脫疏離感。他不再正面提出異議，因為他發覺聽話要容易得多。一段時間後，他發現自己其實也不那麼在乎了，一切都沒那麼重要，他也一點都不重要。

隨著時間過去，「九」的生存策略成了保持安靜舒適，逃避疏離帶來的痛苦，而這使他遺忘了自己的感受、看法和聲音。他寧願和每個人好好相處，而舒適就是最重要的。與其他人的和諧氣氛也讓他模糊地想起自己失去的連結。又過了一陣子，就算每天都會「醒來」，他整天都在夢遊。

每隔一陣子，「九」就會試著和身邊的人分享他的意見或渴望，讓他們更了解自己，可以與他連結。然而，似乎沒有人想聽，讓他覺得更疏離了。最終，他發現他已經不清楚自己的想法和需求，而這讓他覺得不舒服。有時候，每個人都期待他依照他們的意思行動，也讓他覺得不勝其擾。他也擔心自己不再知道自己的需求。他甚至有點生氣，因為沒有人聽他說話，也沒有人重視他。他曾經嘗試表達這種憤怒，卻只讓其他人更疏遠他。很顯然，沒有人喜歡接近憤怒的人，這使他覺得更加疏離和孤單。因此，「九」保持安靜、忽視內心感受的生存策略再次出現，讓他回到睡夢中。

「九」成了行屍走肉。很平靜、好相處、追求安穩，但終究只是個殭屍而已。

第九型的特質

假如以下大部分或全部的人格特質都符合你的狀況，那麼你或許就是第九型：

□你喜歡身邊的人好好相處，沒有任何衝突壓力。

□你和大部分的人都能好好相處，也很容易配合其他人的計畫。

□你不喜歡打破和平狀態，也很擅長調解或避免衝突。

□你很少公開、直接地表達憤怒。

□你可以輕易看見一個議題的不同面向，並了解不同的觀點。

□你自然而然地支持身邊的人，從不邀功，只是幫助別人、促進氣氛的和諧。

□人們認為你很友善、好相處。

□你很難知道自己想要什麼。你可能覺得自己內心籠罩「迷霧」，讓你看不見自己的渴望。然而，要知道自己不想要什麼就稍微容易一點。

□雖然你不一定會表達自己的意見，但你也不喜歡被忽略或排除在外。你不喜歡威權式的人告訴你該做什麼。

假如在看完這份檢核表後，你發覺自己屬於第九型，那麼你的蛻變旅程將會分成三個階段：

首先，你會踏上認識自己的道路，了解到自己的哪些人格模式是與追求安穩、盡全力與身邊的人融洽相處有關。

接著，你會面對自己的陰影，更加覺察疏離感和不受重視所造成的影響。這將幫助你看見，你如何忘了自己，為了和諧與避免遭到孤立，而過度順從他人。

旅程的最終階段，則包含了更加覺察自己的憤怒、渴望，以及對你來說重要的事物，並且了解到自己真實的重要性。

踏上蛻變旅程

第九型蛻變之旅的第一階段，包含認真覺察他們如何把自己放在最後，讓自己無關緊要。如果能意識到自己如何將注意力和能量投注在周遭的環境和外在事物（人、物或程序），他們就能開始建立起自省的能力。這對第九型來說格外重要，因為他們時常會「對自己睡著」，並忘記關注於自身的經驗。他們有時會在生命中夢遊，讓自己對自身的感受和疏離感麻木。

第九型的關鍵模式

假如你覺得自己屬於第九型，你的蛻變之路就從覺察自己投入多少心力來維繫周遭世界的和諧與連結開始，並注意到自己如何忽視了自身的存在和計畫。你必須注意到自己如何極力避免任何不適，並了解怎樣的事物會帶給你舒適或不適的感覺。如果要踏上覺醒之路，就從覺察以下五種第九型的習慣模式開始：

忽視對自己重要的事物

你總是支持別人，關注各種外在的需求，但卻忽視了自己的需求。重要的是，你必須注意到，自己是否總是把別人的計畫放在自己之前。你或許會覺得，追求自己重視的事物很困難，不如努力完成與他人相關的任務、程序，或是其他人生中沒那麼重要的活動。你會習慣性低估自己的重要性。就算你並不喜歡自己的渺小，你卻很難強調自我。你習慣避免衝突，會因此壓抑自己的喜好和觀點。你很難知道自己想要什麼，而這令你失望和挫折。

很難為了自己出力

你或許會發現，在幫助別人時很容易出力，為了自己時卻很難保持專注或動力。你或許會覺得，很難採取行動支持（或甚至覺察）自己需要或想要的。如果能注意到這樣的難處，了解自己很難澄清目標、保持追逐的動力，你就能有所受益。當你試著為了自己的需求努力時，或許很容易分神。你或許會先注意到比較不重要的事物，而不是對你來說真正有意義的事物。

很難劃清界線

你或許會注意到，當其他人有求於你時，你很不擅長對他們說「不」。這或許也反映了你重視別人勝過自己，並且過度順從他們的需求。如果可以注意到自己很難反抗其他人，或是表達異議，對你來說就會有所幫助。當其他人耗費你太多的注意力和能量時，你或許很難設下限制。這些習慣或許都反映了你看不見自己對界線的需求，也很難在人際關係中劃清界線。

逃避衝突與不和諧

你或許會注意到，你天生就可以覺察到世界的和諧或不和諧。你通常會試著在周遭的人之間創造和諧，並努力解決衝突、不和諧或任何形式的緊繃情境。事實上，你或許會厭惡那些製造問題、破壞平靜，讓氣氛變得緊張的人。你時常會努力避免與他人衝突，或是調解周圍發生的衝突。你幫助人們彼此理解的天賦，其實源自於對每個人都能和平相處的渴望。重要的是，你要注意自己是否為了追求和諧，並與生命中重要的人保持連結，而覺得必須達成他人的期望。同樣的，你也要注意自己逃避衝突的渴望，是否使你對真實的自己「睡著」。

逃避不適感

你或許會注意到，你總是習慣追求安穩舒適，逃避帶給你不適的事物。你或許會建立固定的生活模式讓自己安穩，並試著避開所有造成威脅的事物，例如干擾、意見不合，或是任何形式的改變。你會試著避開不舒服的感受，也避免衝突，或甚至刻意忽視自己的憤怒。當你持續認真觀察自己，就會發現你總是把留在舒適圈放在第一順位。

> 為了覺醒，必須有意識地行動，並了解到是怎樣的力量促使我們進入沉睡。
>
> ——喬治．葛吉夫（George Gurdjieff，俄國哲學家）

第九型的激情

怠惰是驅動第九型的激情。作為第九型的核心情緒動力，怠惰是懶惰的一種，但不只是一般認為的不想做事，而是不情願為了自己去採取當下重要的行動。這通常是指為了支持自身需求的必要行動，但也可能是開始改變身邊現實的第一步。因為怠惰，第九型會持續無意識地忽略自己，也看不見自己對世界帶來改變的潛在可能性。

第九型的注意力通常主要集中在自己以外的事物，會忘記自身的內在經驗，甚至不太知道自己的想法、感受和欲望。當你問他們想要什麼，他們通常都不知道。他們甚至可能連關於自己的基本了解都沒有，例如晚餐想吃什麼。在支持別人這方面，他們可能非常積極，但要支持自己時，卻會因為怠惰而失去精力。他們習慣用自動駕駛的方式生活，「忘記」對自己來說重要的事，因此與自己的需求、渴望、感受、意見和偏好脫節，也失去改變世界的力量。

在怠惰的影響下，他們讓自己痲木，讓自己睡著，藉此避免「出現」並爭取注意力，因為他們相信這個世界覺得他們一點也不重要。這種關注其他人的驅動力使他們對自己一點規劃也沒有，展現出對於自我認識的「放棄」。

面對關於自己的規劃，第九型通常會選擇「阻力最小」的道路，這反映了怠惰傾向中的付出最小努力。他們會「隨波逐流」，而不是依循自己的優先順序，到最後甚至連自己的優先順序都無法察覺了。他們不只自己追求安穩舒適，也幫助別人如此，其中包含避免爭執，也避免更深入的人際連結。

假如你覺得自己屬於這一型，就必須認真覺察以下的怠惰呈現方式，才能在覺醒的道路上更進一步：

- 沒有能力或不願意關注內在世界，對於內在發生的事怠惰而不願覺察。沒有興趣感受自己每個時刻的經驗。
- 各種形式的自我忽視及「自我遺忘」，包含情緒、心理和生理層面。
- 重複相同的事，抗拒改變，特別是對於進行中的事。
- 覺得自己不重要，不把自己列入考慮，不思考自己想要或需要的。
- 面對重要的事會拖延，包括對自己重要的事。
- 不知道自己想要什麼，沒有想法和渴望或不願表達。花很大的心力支持其他人，卻不用在自己身上。
- 不追求自己想要或需要的。主動放棄得到任何事物，順著其他人的意思，幫助他們追求他們想要的。
- 對於人際的連結缺乏感受，通常只有真正親近你的人才能感覺到。
- 成為注目的焦點或引人注意時會感到不自在，因此不願要求任何事物或表達自己的好惡。

「逃避生命的人是無法得到平靜的。」

——維吉尼亞．吳爾芙（Virginia Woolf，英國作家）

運用第九型的側翼獲得成長

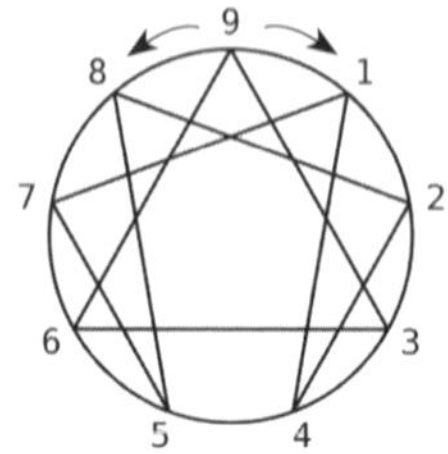

在九型人格圖中，與第九型相鄰的兩種類型是第八型和第一型。如果想要超越對自己「睡著」的習慣，第九型應當學習第八型的特質，好好表達自己的挫敗，並且整合第一型的優點，更了解對自己來說重要的事物。

• 首先，學習第八型的優點，多注意自己感受到的任何惱火或固執，並學習更強勢的溝通方式。看見整個情勢，覺察自己想要什麼，並清楚、直接地開口要求。在自我表達或「對抗」他人方面，則建立更多的自信和技巧。提升自己對建設性衝突的容忍度。對於人際關係中的問題，應當學習主動提出關切和討論。注意到果斷面對問題、看見異議，其實能帶來更強的連結而非疏離。了解到憤怒其實有很多正向的益處。

- 接著，整合第一型的能力，學習以自己的優先順位為基礎來做規劃，更覺察自己的好惡和需求，花些時間想像最好的結果，並以此為目標著手行動。關注個人的目標和任務，建立起符合邏輯的行動和架構。提高自己執行理想計畫的意願，更清楚看見你的努力能讓一切都變得更好。覺察自己對於不對的事物的憤怒，並將憤怒化為改革的動力，讓世界更美好。

> 拖延是機會的刺殺者。
>
> ——維克多．基姆（Victor Kiam，美國企業家）

面對陰影

第九型蛻變之旅第二階段，主要是在於覺察、接受並統合他們被動攻擊（passive-aggressive）的人格特質。如果能更加意識到自己的憤怒，第九型就能明白，唯有當他們冒險了解並表達自己，才能建立起真正的連結，即便這意味著學習忍受對於疏離的恐懼。

旅程進展至此，第九型會意識到，他們專注於適應和支持他人（他們以為是好事），其實可能是不好的。缺乏自我覺察會讓他們優柔寡斷、過度被動、被動攻擊，但卻可能以為自己很友善且無害。如果看不見自己的盲點，他們就會變得固執而疏離。當他們對當下的情境有所不滿時，通常會避免直接表達，但這會造成被動攻擊的行為，使他們沒有注意到自己的憤怒以被動的型態洩漏出。舉例來說，當其他人最需要他們時，他們可能會突然消失，或是不去做他們答應要做的事。

第九型的陰影

假如你屬於第九型，以下方式可以幫助你覺察，並開始面對自己的無意識模式、盲點和痛點：

- 注意帶給你不適的事物。去做讓你感到不適的事，因為這是成長的必經道路。注意你是否抗拒離開你的舒適圈。從小處開始踏出一步，然後試著前進越來越多。

- 允許自己更去感受憤怒。更注意讓你不開心的事物，以及你如何讓自己的憤怒睡著。開始注意到壓抑或被動的憤怒型態，例如惱火、挫折和固執。擁抱憤怒，因為憤怒能幫助你與重要的事物重新連結。更勇敢且更直接地溝通你的憤怒。
- 注意到你的被動，例如被動地抗拒或被動攻擊（也包含固執）。請信任的人給你一些回饋，問問他們是否在你身上看到這些特質。
- 回想曾經令你感到不滿、難過或不快樂的事件。注意當下你感覺如何，並想想你那時說了什麼，又有什麼是可以說但沒有說的。
- 更覺察自己的身體，並提升你的能量。更常動動身體，例如散步、做瑜珈，或是從事各種運動。更意識到身體之後，你就能更積極活躍，也更精神振奮。
- 思考並感受你曾經給出去的能量，並且透過深呼吸、聚焦自己的內在、感受自己的力量來重新獲得它。
- 採取行動劃清人際的界線，更常說「不」。當你覺得不想時，就不要再說「好」。不要再那麼善良、友善或面帶微笑。

> 如果想要成長，就必須走出舒適圈。
>
> ——約翰．麥斯威爾（John Maxwell，美國作家、演說家）

第九型的盲點

第九型或許不太願意檢視自己的盲點，因為他們不喜歡不舒服的感覺，而面對自己習慣性逃避的事物總是會讓人不舒服（這也是我們一開始會逃避的原因）。第九型追求和諧、避免衝突、維持友好關係的方法，會使他們對自己的某些重要感受「睡著」，例如他們的憤怒和渴望。對於舒適的需求主宰了他們的生命經驗，使他們不願意與自己的內心和他人建立更深的連結。但好消息是，假如他們可以看見自己的盲點，面對隨之而來的痛苦或不適，就能漸漸變得堅強有力，對自己的天賦和力量都充滿信心。

第九型擁有充沛的能量，卻時常分給其他人。生存策略使他們對內在的活力「睡著」，甚至會令他們憂鬱低落。他們自動疏遠任何可能造成人際問題的情緒，因此失去了更深刻、強烈的生命經驗。然而，如果他們能忍受對於自身力量和能量的恐懼（以及害怕展現真實的憤怒會傷害到其他人），就能更有意識地將能量重新導向對自己有益的方面，並且為世界帶來真正的改變。

假如你覺得自己屬於第九型，那麼以下就是你必須覺察面對的盲點，如此才能在成長蛻變的道路上更進一步：

逃避憤怒

你是否很少生氣？你是否真的對自己的憤怒「睡著」？你是否逃避不去覺察自己的怒氣，因為表達怒氣可能會導致衝突？你是否想過這麼做的代價？以下方式能幫助你整合這個盲點：

- 注意你是否會感受到微小的憤怒跡象，或是受到壓抑的憤怒型態，例如惱火、挫折或固執。或許有些憤怒的形式很微妙，但都應當試著把它們放大。
- 了解到當你不有意識地感受並表達憤怒，憤怒就不會消失，而是會以被動攻擊的形式洩漏出來。學習覺察這樣的表現。
- 更覺察自己何時又以何種方式被動表達攻擊性。列出這些情境中，能讓你更積極直接的做法，就算還沒準備好如此採取行動也無妨。

- 探索你不願意感受或表達憤怒的理由，可以是普遍性的或是受到過往經驗的影響。與朋友或治療師聊一聊。
- 請你生活中的人幫助你學習表達憤怒。告訴他們你心中與憤怒相關的恐懼。鼓起勇氣開始從微小處表達你的憤怒，最初要小心一點。學習在一感到挫折或不同意時，就加以表達，不要讓這些感受累積在心中。
- 把憤怒重新定義為好事。當你有意地讓憤怒重新導向，就能幫助自己建立界線、表達自己的需求、了解什麼是最重要的，並得到力量。

不知道自己想要什麼

你是否常常不知道自己想要什麼？你是否總是配合其他人的安排，因為你不清楚自己的渴望或意見，又或是不知道怎麼表達？你是否常常毫無計畫？你是否很難溝通自己想要的？以下方式能幫助你整合這個盲點：

- 經常問自己，你想要的是什麼。就算還沒有答案，也要繼續問下去。記得是問自己的內心，而不是你的大腦。關於希望和渴望，內心知道的永遠比大腦更多。

- 提醒自己，就算不知道自己想要什麼也沒關係。只要持續投入時間和努力，你就能學會了解自己的好惡。
- 就算還不知道自己想要什麼，也不要因此批判自己。
- 請你生活中的人問問你想要什麼，表達對於了解你想要什麼感興趣，並給你一些時間釐清自己想要什麼。
- 更常表達意見，就算你對自己要說的沒那麼有信心也沒關係。學習打破自己贊同每個觀點的習慣，逼迫自己選邊站。
- 下次，當你說自己不在乎發生什麼事時，問問這是否讓你合理化不知道自己想要什麼。你是否因此覺得，不需要去感受不知道自己想要什麼的痛苦，也不需要努力釐清自己想要什麼。這可能是你怠惰激情的表徵。

逃避衝突

你是否能找到許多逃避衝突的方式？你是否找藉口來逃避衝突？你對衝突的逃避是否也對自己和身邊的人造成了侷限？以下方式能幫助你整合這個盲點：

- 探索你對於衝突的信念。探索你所有與衝突相關的恐懼。你是害怕自己陷入衝突會發生什麼事嗎？
- 注意你害怕衝突的原因，是否是認為衝突會無可避免地導致疏離（甚至是永久性的）。試著挑戰這個信念。敞開心胸，看見衝突其實有可能拉近人際的距離。學習分辨缺乏衝突和真正和諧之間的不同。通常要透過正向的對質，才能達到深刻而長久的和平。
- 學習並探索衝突可能帶來的所有正面影響，例如支持健康的界線、加深人際關係，以及讓其他人了解你的立場。
- 練習依靠衝突來表達不同意，讓其他人更了解並重視真正的你，也讓你更真實地融入其中。
- 用比較小的方式參與衝突，學習說「不」，並建立健康的界線。
- 允許自己「對抗」其他人或事物，這是表達自己力量的方式。允許自己對於不喜歡的情境感到厭煩、難過或憤怒。

唯有愛才能帶來正確的行動。

——吉杜．克里希那穆提（Krishnamurti，印度哲學家）

第九型的痛苦

第九型通常都很友善正面，專注在與每個人好好相處。他們把避免各種衝突視為第一要務，意味著他們有強烈的動機留在舒適圈中，想維繫內心的平靜，不願去感受特定的情緒。為了與其他人和睦相處，他們習慣對憤怒和可能造成衝突的情緒「睡著」。因此，他們總是顯得「情緒穩定」，表現出溫暖和好脾氣，不會太過情緒化。

然而，如果想要覺醒，他們就必須更深刻地與自己的情緒連結。這一類型的人注重身體，但常會「忘記自己」，因此可能必須努力覺察才能與自身的痛苦建立連結。一旦感受到痛苦，他們就能開始注意到自己的情緒，並學習不再忽視自己的內心深處。畢竟，當你的身體受到怒火所驅動，或是沉浸在悲傷之中，就很難再繼續沉睡下去了。

假如你覺得自己屬於這個類型，你或許很難去經歷破壞舒適圈，或是威脅人際和諧的情緒。然而，為了在成長之路上繼續前進，你必須學會接受並忍耐這些痛苦的感受，才能更進一步實踐真實的自己。以下是你必須面對的重要感受：

- 害怕憤怒、害怕傷害他人、害怕疏離。當你開始自我覺察，很可能就會看見自己對憤怒的恐懼。你或許會害怕，假如允許自己生氣，可能會傷害到別人。你可能也會害怕，表達憤怒會造成無可彌補的裂痕，會傷害或摧毀人際關係。這或許也反映了你對自身力量和能量的恐懼。
- 壓抑或忽視憤怒。你必須覺察自己的憤怒，這可能很困難，因為你的生存策略有很大一部分，就是對自己的憤怒「睡著」。然而，感受並表達憤怒就是你得到活力、對真實自我覺醒的關鍵。你的虛假自我會感到抗拒，但你必須學會感受並表達憤怒，也了解如果不這麼做，憤怒會以被動的型態洩漏。當你真正覺察到你的陰影所帶來的所有憤怒，你就不再會認為自己幾乎不生氣，而是覺察自己幾乎隨時都在生氣。而這是件好事。
- 因為無法融入、沒有歸屬感、沒有被看見或聽見，而感到悲傷難過。如果你的子類型是社交型（參見下一節），這種感覺會更強烈。你或許也會因為曾經不自覺地傷害他人，而感到悲傷；舉例來說，你逃避衝突、被動攻擊和追求和諧，其實可能造成了不和諧，也傷害了其他人，但你卻沒有發現。你必須體驗悲傷和難過，才能敞開心房，真正覺察自己的情緒深度。

- 因為無法覺察自己的存在、不知道自己想要的是什麼、無法與自己更深入地連結，而感到痛苦。如果你能感受到自己習慣逃避的疏離痛苦，就能帶來正面的改變。有時候，疏離也可以是好事；舉例來說，有時與你連結的人或事物其實只會帶來負面的影響。

陰影是最好的老師，教導我們如何走向光明。

——拉姆．達斯（Ram Dass，美國心靈導師）

第九型的子類型

若能了解你的第九型子類型，可幫助你更精準地面對你的盲點、無意識傾向，以及隱藏的痛苦。每個子類型的模式和傾向，會因為所依賴的三種生存本能而有所不同。

自保型

這個子類型習慣遵循讓他們感到舒適的時間安排和身體活動，例如飲食、閱讀、看電視或玩解謎遊戲。和第九型的其他子類型相比，他們通常比較務實、踏實、具體、易怒且固執。他們最難改變心意，也比較喜歡獨處，通常很有幽默感。

社交型

這個子類型會花很多時間和心力來支持不同的群體。和其他人格類型相比，他們的努力程度很高，僅次於第三型。然而，他們通常不會表現出自己的壓力。一般來說，他們是優秀的調解者，也會是好的領導者，因為他們通常很謙虛中庸，試著為其他人服務。無論多麼努力，他們卻常常覺得沒有歸屬感。因此，他們會在私底下體驗到某種悲傷。

（一對一）性欲型

這個子類型幾乎會與生命中的重要他人完全融合。他們可能會採用其他人的感覺、意見和態度，而感受不到其中的界線。他們通常是三個子類型中最甜美、害羞又情緒化的一群，態度也最不強勢。他們或許對自己的人生目的沒有想法，於是無意間接受了其他人的目的。

他們在思考大局時，通常不會把自己納入考慮。

第九型子類型的陰影

假如知道自己子類型特有的陰影，就能幫助我們更有效地面對挑戰。以下是每個子類型的陰影列舉。由於每個子類型的行為都可能讓人覺得相當自然而然，因此要看清並面對就會相當困難。

自保型的陰影

對你來說，重要的是注意到自己在感到不受尊重或受到壓力時，是否很固執，展現出其他被動攻擊的行為。在被命令時，你或許會堅持不動，不願做出任何反應。你或許會對自己的憤怒和力量「睡著」，為了保持安穩舒適而不願覺察自己的憤怒。你或許沒有注意到，自己的憤怒以固執的形式洩漏出。你通常讓自己忘形於舒適的活動和日常事務中，藉以避免活在真實世界、表達強烈意見、選邊站、採取強勢的行動，或是主動帶來改變。你必須更覺察自己的憤怒，和你成長的力量。

社交型的陰影

當你覺得自己無法融入群體時，注意自己是否努力不感到難過。注意你是否全心投入為他人付出的活動或服務，藉此「麻木」自己的痛苦。你或許會犧牲自己，成為團隊（或家庭）謙卑的領導者。你通常表現得很友善正向，以避免生氣或表達憤怒。注意你是否時常調解衝突，支持團隊的團結，以避免不和諧所帶來的不適。更要覺察你是否聚焦於化解環境中的緊繃氣氛，讓自己不需要面對與他人意見不合的情境。如果你能更有自己的看法，並引起一些衝突，對你的成長絕對是有利的。

（一對一）性欲型的陰影

注意你是否與人生中特定的人完全融合，甚至將自己給抹滅掉。更要覺察你如何缺乏明確的界線，這又帶來怎樣的後果。你或許很難對其他人表達自己真正的想法。注意你是否時常保持沉默，或是自動表達贊同，只說出其他人想要聽的，卻暗自抱持反對的意見。你或許不清楚自己想做什麼，也不確定自己真正想要什麼。為了有所成長，你必須覺察自己的渴望和目的，並且採取行動。

假如你不喜歡某件事物，就改變它吧。假如你無法改變，就改變自己的態度。

——瑪雅・安傑盧（Maya Angelou，美國作家）

第九型的困境

第九型的困境源自於怠惰的激情和行動的美德之間的兩極性。對這一類型的人來說，他們必須覺察到自己追求舒適低調、不發揮自己天賦的習慣，才能朝覺醒之路邁進。如果能更加覺察到怠惰對人生的影響，他們就能克服抹滅自己的習慣，並努力展現自己的力量。對於這一類型的人來說，正確的行動就是覺察到自己真正的重要性，並學習堅持對自己來說重要的事物。

行動的美德指的是感受到強烈的動力，做出當下最正確的事。這樣的智慧來自內心，能讓第九型看見並執行必須完成的任務。這意味著了解並接受自己有能力讓重要的事發生，並感受到自己的價值，明白自己的需求值得被滿足。當第九型學習看見正確的行動，就能快速並正確地找到最重要的任務，並且在完成之前都不會停止。正確的行動讓他們不再推遲，可以支持自己在這個世界的存在意義。這讓他們覺察對自己「睡著」的習慣，並鼓勵他們醒來，照顧自己的需求。

假如你覺得自己屬於第九型，那麼以下步驟將幫助你更覺察自己的怠惰，並且朝更高的行動層次邁進一步：

- 開始為了自己而行動，讓自己有能力為了支持自己的需求而行動，因此幫助自己朝覺醒邁進。
- 覺察自己是否正在自我矮化，但過程中不應自我批判。問問自己，為什麼你總是想讓自己變得渺小。
- 當你不知道自己想要什麼時，對自己懷抱一些同情心，特別是你可能因此感到很挫折。可以對習慣模式感到失望，但不要對自己失望。給自己一些時間來更了解自己的喜好。告訴自己，這都只是過程，只要努力，就會隨著時間越來越好。
- 當其他人讓你覺得自己很渺小時，注意你變得多敏感。接著，注意你是否也這麼對待自己，又是如何自我貶抑。提醒自己，你為什麼很重要，而如果你持續遺忘自己，對世界來說又是多大的損失。

- 了解到你傾向包容所有人，其實是源自你想被聽見、被接納的渴望。學習表達自己的意見，說出你當下的想法。
- 觀察當你必須為自己做重要的事時，你是如何失去能量。注意當你需要支持自己時，是如何讓自己分心，或是感到不舒服、不確定。試著讓自己記得，為了自己努力背後的理由是什麼。

「最好的政治就是正確的行動。

——甘地（Mahatma Gandhi，印度聖雄）」

運用第九型的箭頭獲得成長

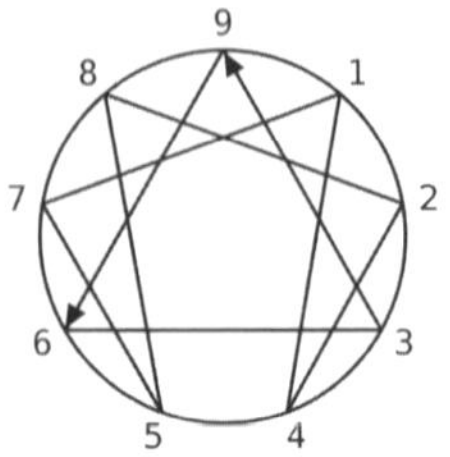

在九型人格圖中，與第九型以箭頭相連的類型是第三型和第六型。如果能學習第三型的優點，超脫對於維持和諧與安穩的堅持，專注設定並達成遠大的目標，那麼第九型就能大幅成長。如果能整合第三型自我推銷和居功的能力，並且學習第六型表達異議、與他人對抗的能力，第九型就能達到內心的平衡。

- 首先，學習第三型建立清楚目標和規劃的能力，專注在完成所有必須的任務，以達到特定的目標。培養自己被當成焦點時也能舒適自在，接受自己的力量，允許自己因為自身的成就而受到肯定。練習表達自己的意見，並合理地居功。更清楚、精確地表達自己的重點和底線。用專業的方式展現自己，更在乎自己的形象，並努力讓自己建立良好形象。努力克服自己對於炫耀和自我推銷的抗拒。
- 接著，整合第六型的能力，更積極主動地思考該如何完成危險或有風險的任務。更強勢地表達自己，說出自己的想法並「對抗」某些事物。與其他人意見不合時，就清楚並直接地溝通。克服自己即便不打算照他人的意思行事時，也總是保持微笑的習慣。練習看見其他人計畫的「漏洞」，提出不同的意見，或是在團隊中提出有爭議性的衝突觀點。學習說「不」，並指出某件事物無法成功的原因。為了好的理由對抗權威。更覺察自己懷抱的恐懼，就算恐懼也要採取行動。看見你的自我質疑，但也肯定你的力量，並更有自信心。

> 舒適圈是個美麗的地方，但在那裡什麼都長不出來。
>
> ——約翰．亞薩拉夫（John Assaraf，美國作家）

擁抱更高的層次

第九型蛻變之旅的第三階段，會開始更專注於他們自己的需求，也與自身的內在經驗建立起更深入、更密切的連結。當他們有意識地「記得」自己，就會了解自己的盲點，並面對自己的痛苦和憤怒。他們了解到自己真正的力量，並開始回收曾經溢散的能量，不再只是支持著其他人或滿足外界的要求。

假如你覺得自己屬於第九型，在這個階段將能辦到許多過去難以想像的事，而你會繼續努力下去：

- 採取重要的行動來改變計畫、自己和其他人，即便過程中可能包含衝突和混亂。讓你的內心引導你。
- 比以前汲取更多能量，並清楚意識到這才是「真正的你」。
- 成為這個世界在等待的領導人。積極結合你包容和區辨的能力，並有智慧地在不同觀點中採取最好的行動。
- 表現自己的力量和決斷，再加上謙虛、體貼和無私的服務，因此激發其他人對你的信心和信任。
- 對衝突有所容忍，清楚了解到唯有通過挑戰和衝突，才能帶來最好的連結。
- 除了尊重和支持其他人，也同樣重視自己的意見、計畫和願景。釐清自己的想法和自己想要的東西。
- 為了不自我犧牲，並激發和支持其他人最好的表現，應當有自信而堅強。

- 不要用順從或漠不關心來逃避，主動敞開心胸，接受你值得的愛。
- 因為你的貢獻（唯有你辦得到）而接受肯定，同時對群體也感受深刻的連結。

> 我清醒過來，卻發現整個世界仍在沉睡。
>
> ——李奧納多．達文西（Leonardo da Vinci，文藝復興三傑之一）

第九型的美德

行動的美德是第九型怠惰激情的解方。當第九型採取正確的行動時，就不再總是為了他人犧牲自己。他們理解到，他們不必過度謙虛或忘記自己，才能獲得價值並創造和諧。他們知道如何對世界帶來獨一無二的貢獻，擁抱自己的重要性，也了解自己的歸屬。他們會實踐可以改變世界的計畫，而不再只是墨守成規、照章辦事。

當第九型進入行動的狀態，就能學會表達個人的獨特性，甚至體驗到與身邊所有人更深刻的連結。他們學會忍受不適，並培養保持覺醒的能力，更妥善運用自己的能量來支持自己的規劃。他們能把自己照顧得更好，並在世界上更積極有力地表現自己。他們成為很好的領袖，結合了關懷照顧他人的特質，以及基於真實自我的使命感。這樣內在的真實源自於自己的力量和記得自己。他們從內在體驗到充滿生命力的自己，知道自己想要什麼，並為了所有人的益處而清楚地表達。他們了解到，如果專注於滿足自身的渴望，或許會面臨疏離的風險，但有助於建立長遠而真實的和諧團結。

在行動的狀態中，第九型的內心知道重要的是什麼。他們感受到無法抑制的渴望，想讓重要的事立刻用最有效率的方式發生。他們毫不費力地行動，卻充滿力量，朝著目標邁進，將自己的能量（九種人格類型中最充沛的）投注在任務上。他們知道自己和每個人都一樣重要，對自己的能力也充滿信心。他們有時會想要引起衝突，幫助人或系統脫離窠臼，帶來嶄新且必須的改變。他們覺得自己必須專注在最重要的事物上，並進行正向且有益的衝突。

假如你覺得自己屬於第九型，行動會幫助你對於自身的怠惰有所覺醒。你會更了解自己，而從內心開始渴望行動，並且有能力持續地追求自己想要的，激發出自己天生的生命力。當你朝著行動前進，以下是你將擁有的體驗：

- 完全覺察並接受自己的內心，同時也與自己的身體和心智緊密連結。以積極的專注力，讓自己更加覺醒、更有生命力，也更活在當下。

- 勤奮地鍛鍊內在，對抗習慣性沉睡狀態的強烈吸引力。盡一切所能對抗積習，並對於真實的自己覺醒。
- 更加覺察自己曾經沉睡的模式（以及隨之而來的挫折），並了解自己的規劃和想法。
- 積極觀察自己機械化的生活模式，了解到自己何時並未依循最深沉的渴望而活。
- 感受到源自內心智慧、源源不絕的動力。
- 感受到和內在能量與生命的深刻連結，這才是真正的活著。
- 進行讓你更完全感受到內在真實的練習。
- 有效率地與自己和周遭的世界互動交流。

正確的態度會帶來正確的行動。

——杜思妥也夫斯基（Fyodor Dostoyevsky，俄國文豪）

對於第九型來說，擁抱真實自己的關鍵，在於逐漸學習賦予自己力量。這可能不容易，甚至不太可能，因為處在殭屍狀態時，他們很難知道自己想要什麼，也看不見自己內在的權威。對他們來說，要面對自己和疏離感很痛苦。當他們害怕與自己連結意味著與其他人的世界疏離，他們或許就不願意了解真實的自己，也不願意接受自己真正的重要性。然而，如果能覺察自己的憤怒和力量，並學習重新擁有自己在追求和諧中四散的能量，他們就能體驗到行動這項美德所帶來的自由和解放。

第九型會意識到，自己會過度配合其他人，甚至到了抹滅自我的地步，而這其實對誰都沒有好處。他們會開始把自己所有的注意力集中到自己必須做的事上。他們了解到，追求安逸的人生不會有什麼回饋，而跟沉睡比起來，不如清醒面對一些不適和風雨。如果接受了自己真正的重要性，他們就更能給予和接受愛，進而提升世界上真正的和諧。而當他們接受了不適和衝突，也才能體驗到真正的平靜與和諧，並且意識到自己對疏離的恐懼只是幻想，真實的自己與一切其實都有著最深刻的連結。當他們更了解真實的自己，就能體驗到更高層次的物我合一狀態，他們歸屬於每個人和世界上的一切。但要達到這樣的合一，就必須先創造一些紛爭。

當他們勇敢面對自己的陰影，特別是對憤怒的逃避和對自身力量的抗拒，就能從安逸的睡眠中清醒，重獲自由。當他們接觸到內在的力量，就能採取行動在覺醒之路上邁進。他們會發現覺醒後的希望及需求，並因此採取行動。當他們努力與過去抗拒的事物連結，包含了痛苦、不適和對生命力的深切渴望，他們就能為所有的人樹立典範，告訴我們該如何重獲新生，記起自己。

結語

每個人都能為世界帶來獨一無二的貢獻。

——伊莉莎白．歐康納（Elizabeth O'Connor，美國作家）

九型人格源自於悠久的傳統智慧，與九型人格相關的教誨向我們揭示了人的蛻變。九型人格的知識告訴我們，內在的努力可以幫助我們達到更高層次的意識狀態。然而，九型人格所描繪的蛻變過程不會在書中蛻變之旅的第三階段就終結，我們誠摯希望你有動力繼續前進，超越這本書的內容。為了在途中助你一臂之力，我們有以下的建議：

- 開口求助。你信任並喜歡的專業治療諮商人士，將可以改變你的人生。
- 找到「同道中人」。和一些與你目標相近的人分享你的所學，讓他們在努力的過程中支持你。

- 做些功課。用具體實際的知識確保自己用最有效率的方式前進。
- 不要自我批判。從挫折的經驗中學習，接著重新站起來，繼續前進。自我批判會妨礙你前進的動力，讓你的自我發展受阻，而不會有任何建設性。練習對自己和其他人都懷抱同情。

當你繼續內在的努力，就會體驗到專屬於真誠追尋者的平靜和喜悅。在路途中可能會遇到許多挑戰，但挑戰只是培養韌性的機會，讓你能到達任何想去的地方。不要落入「提高自尊心」的陷阱。要記得，自我發展的目標是蛻變。假如你的目標是性靈的，也別忽略了心理上的成長；假如你的目標是心理的，也別忽略了性靈。少了性靈的心理注定受限，少了心理的性靈則是危險的。

我們希望九型人格能幫助你實現自己最高的潛能。我們希望你能因此而蛻變，並享受旅程的每一步，也從中學習。最後，我們希望你能和其他人分享自己的覺醒，分享你如何發現真實的自己，並鼓舞其他人找尋自己的道路。

致謝

在本書的發想、寫作和出版階段，都受到許多人的幫助。感謝漢普頓道路出版社（Hampton Roads Publishing）的葛雷格．布蘭登堡（Greg Brandenburgh）帶著初步的想法來找我們，並且在出版的過程中幽默地協助引導。謝謝亞曼達．布拉嘉（Amanda Braga）的協助，以及她和蒂帝安娜．瓦蕾拉（Tatiana Vilela）的團隊在寫作過程中的幫助。這本書源自於我們合作創造的「內在努力」學派（以及相關的內容），幫助我們將九型人格的概念向世界推廣。

我們也想感謝南希．杭特頓（Nancy Hunterton）充滿智慧的珍貴建議，她幫助我們改善了合作的方式。我們想感謝丹尼斯．丹尼爾思（Denise Daniels）的友誼和對這本書的熱情支持；也謝謝丹．希格爾（Dan Siegel）同意為這本書撰寫序言。我們感謝丹和丹尼斯，以及與他們合著新書的羅拉．貝克（Laura Baker），和我們的好友傑克．基蘭（Jack Killen）。謝謝他們的鼓勵，以及他們在科學方面為九型人格建立的框架。

我們在九型人格領域中最初期的訓練都來自大衛・丹尼爾思（David Daniels）醫生和海倫・帕瑪（Helen Palmer）的Narrative Tradition School。海倫和大衛是我們重要的老師和心靈導師，我們深深感謝他們紮實的九型人格訓練和經驗。雖然我們在兩年前失去了大衛，但他的智慧和溫暖的靈魂會持續激勵啟發我們。我們也想感謝喬治・葛吉夫（George Gurdjieff）、奧斯卡・伊察索（Oscar Ichazo）和克勞狄亞・納朗荷（Claudio Naranjo）的著作，他們為現代九型人格奠定了基礎，而這本書也多次引用他們的智慧。也要感謝好友羅斯・哈德遜（Russ Hudson）的強力支持，並推廣九型人格的精神作為個人成長的工具。

最後，要感謝我們的文學經紀人彼得・史坦堡（Peter Steinberg）加入團隊，並支持我們的努力。也要謝謝所有的朋友、學生和其他在九型人格社群努力的人，都在自我發展的路上互相扶持。我們將一起努力創造更清醒覺察的世界。

國家圖書館出版品預行編目 (CIP) 資料

九型人格覺醒指南：走過三階段蛻變旅程,遇見更好的自己/碧翠絲・切斯納(Beatrice Chestnut), 烏瑞尼奧・佩斯(Uranio Paes)著；謝慈譯. -- 初版. -- 臺北市：遠流出版事業股份有限公司, 2022.02
面；　公分
譯自：The enneagram guide to waking up : find your path, face your shadow, discover your true self
ISBN 978-957-32-9390-3(平裝)

1.人格心理學　2.人格類型　3.自我實現

173.75　　110020207

九型人格覺醒指南：

走過三階段蛻變旅程，遇見更好的自己

作　　者／碧翠絲・切斯納、烏瑞尼奧・佩斯
翻　　譯／謝慈
主　　編／周明怡
封面設計／江孟達工作室
內頁排版／菩薩蠻電腦科技有限公司

發 行 人／王榮文
出版發行／遠流出版事業股份有限公司
104005 台北市中山北路一段 11 號 13 樓
郵　　撥／0189456-1
電　　話／(02)2571-0297　傳真／(02)2571-0197
著作權顧問／蕭雄淋律師

2022 年 2 月 1 日 初版一刷
售價新臺幣 450 元（缺頁或破損的書，請寄回更換）
ISBN 978-957-32-9390-3

遠流博識網 http://www.ylib.com　e-mail: ylib@ylib.com